천재들의 식탁에서
인문학을 맛보다

그날, 나는 마지막으로 무엇이 먹고 싶을까

천재들의 식탁에서 인문학을 맛보다

자유의길
Media Contents Group

음식에 밴 스토리텔링의 힘

"당신이 살 날이 하루 남았다면 어떤 음식을 먹겠느냐?"

우리는 가끔 식사 모임에서 이런 질문을 주고받을 때가 있다. 그러면 '가만, 내가 가장 좋아하는 음식이 뭐였지'라고 생각하다가 저마다의 인생 음식을 꺼내 놓는다.

넷플릭스의 〈흑백요리사[2024]〉는 왜 첫 회부터 전세계 시청자들을 사로잡았나. 요리는 눈으로 즐기고 코로 맡고 귀로 맛보는, 아주 특별한 예술이다. 거기에 흑수저들이 스토리가 담긴 요리로 백수저들과 피 말리는 경쟁을 하니 시청자가 심사위원들과 한마음이 되어 떨리고 조마조마했던 것이다. 그 여진은 현재진행형이다.

왜 마츠시게 유타카의 〈고독한 미식가[2012]〉에 일본·한국·대만이 열광하는가. 왜 〈한국인의 밥상[2011]〉과 〈식객 허영만의 백반기행[2019]〉은 롱런하는가. 왜 〈줄리 앤 줄리아[2009]〉와 〈프렌치 수프〉를 비롯한 음식 영화는 끊이질 않는가. 우리가 음식에 배어있는 스토리텔링에 여전히 목말라하고 있다는 뜻이다.

인간은 다섯 가지 욕망을 추구하며 일생을 산다. 그중 미식의 욕망처럼 강렬하고 오래 가는 것도 없다. 미식은 오감각으로 완성된다. 보기에 아름다워야 하고, 냄새가 좋아야 하고, 익는 소리가 귀를 즐겁게 하고, 손 끝으로 만져지고, 입안에서 느껴지는 것으로 식도락이 완결된다.

식사는, 물리적으로 보면 씹어 삼키는 행위다. 씹는 행위, 즉 저작은 음식물을 끊고 으깨고 잘게 부수어 목으로 넘기는 것이다. 음식물이 식도를 통해 위장으로 내려가면 식사는 끝난다. 그러나 인간의 뇌는 식사를 둘러싼 대화와 분위기를 고스란히 저장한다. 맛은 문화와 기억으로 형성된다. 어떤 음식을 먹으면 까마득히 잊고 있던 그 음식과 관련된 기억들이 밥솥의 김처럼 피어오를 때가 종종 있다. 이것을 '프루스트 기억$^{Proust\ memory}$'이라고 부른다.

우리가 인생 항해를 마칠 때 가장 먼저 하려는 것은 솔푸드$^{soul\ food}$를 찾아가는 일이다. 우리가 고향을 잊지 못하는 것처럼 솔푸드는 누구에게나 영원한 그리움이다.

우리의 모든 식사는 일생에 단 한 번뿐이다. 이 책은 그 한 번뿐인 식사를 더 맛있게 하는 방법에 관한 이야기다.

조성관 작가, 천재 연구가

Contents

프롤로그　음식에 밴 스토리텔링의 힘　　　　　　　　　　　04

MENU 1　고즈넉한 노포 식당 내음

	도대체 어떤 맛이길래	참가자미 버터구이	10
	등 푸른 생선 세계 일주	절인 고등어 초밥	16
	상처를 쓰다듬고 사랑으로 하나 되는	멸치덮밥	22
	혀끝에 맴도는 역사의 맛	대구지리	28
	하루키가 찬미한 상상력의 국물	사누키 우동	35
	까닭없이 따뜻해지는 마음	튀김 소보로	41
그리운 정취의 향	목숨과 바꿔도 좋을, 금지된 욕망	미나리 복어국	47
	바다의 영물 또는 빌런	문어 숙회	53
	오감이 총동원되는 퍼포먼스	찐만두	58

MENU 2　화려한 인생 한 스푼

	사람은 왜 바삭거림에 끌릴까	겉바속촉 새우튀김	66
	오묘한 감동	바게트 트라디시옹	71
	먹거리로 보는 세계사	귀족만 먹는 감자	77
	황금빛 맛, 너도 좋아하게 될 거야	피시 앤 칩스	82
	신뢰할 수 없는 약속	오징어 먹물 파스타	88
	도도한 고양이에게 말 걸기	안키모와 푸아그라	94
강렬한 개성의 다채로운 맛	원시와 문명의 하모니	스시와 간장게장	99
	뉴요커를 뉴요커답게 만드는 메뉴	생굴	104
	우리는 왜 불맛을 그리워하나	숯불구이 바베큐	109
	최상의 우아함	샤토브리앙과 마리아 칼라스	115

MENU 3 사색을 부르는 지혜의 잔

혀끝에 닿는 달콤 씁쓸한 멋

강력한 인간의 욕망	세인트 헬레나 커피 122
예술가들이 탐닉한 커피	베토벤 60, 커피 칸타타 128
스타벅스와 모비딕	아메리카노 134
악마의 음료	모카커피 140
푸시킨의 마지막 결투	레모네이드 145
밀워키 광고를 보다가	밀러 맥주 151
마르틴 루터와 스메타나는 무엇으로 통하나	아인베크와 필센 맥주 156
지상 최고의 축제 옥토버페스트	생맥주 161
세계 문화의 공통어	와인 167

MENU 4 천재들의 식탁

삶에 녹아든 세련된 담

대파를 든 남자, 백석의 뒷모습	칼솟타다 대파구이 176
괴테의 아스파라거스 연서	구운 아스파라거스 181
프루스트의 잃어버린 시간을 찾아서	마들렌 187
천재들이 마지막으로 간절히 원한 음식	센비키야 멜론과 솔푸드 192
프로이트와 해리스의 명쾌한 통찰	삼겹살 198
바람처럼 자유롭게 살다	굴라쉬 스프 204
방랑하는 천재들의 음료	모히토 211
세계 최고 메디치 가문의 디저트	마카롱 217

MENU 1

고즈넉한 노포 식당 내음

그리운 정취의 향

香
향기로울: 향

도대체 어떤 맛이길래
등 푸른 생선 세계 일주
상처를 쓰다듬고 사랑으로 하나 되는
혀끝에 맴도는 역사의 맛
하루키가 찬미한 상상력의 국물
까닭없이 따뜻해지는 마음
목숨과 바꿔도 좋을, 금지된 욕망
바다의 영물 또는 빌런
오감이 총동원되는 퍼포먼스

Episode 01

도대체 어떤 맛이길래

참가자미 버터구이

가자미 버터구이에 세 번 도전했으나 모두 실패했다. 올겨울이 끝나기 전에 가자미 버터구이를 한번 제대로 만들어보고 싶다.

가자미 버터구이는 프랑스 요리다. 솔 뫼니에르. 프랑스어 사전에 따르면, 솔^{sole}은 넙치과에 속하는 herr자미다. 뫼니에르^{meuniere}는 생선이나 어패류를 밀가루에 묻혀 프라이팬에서 버터로 구워내는 것을 말한다.

나는 식도락은 즐기지만 요리에는 별 관심이 없다. 그런 내가 왜 '솔 뫼니에르'를 시도했을까. 바로 메릴 스트립$^{Meryl\ Streep,\ 1949\sim}$과 에이미 애덤스$^{Amy\ Adams,\ 1974\sim}$가 주연한 영화 〈줄리 & 줄리아$^{Julie\ \&\ Julia,\ 2009}$〉로 인해서다. 이 영화는 두 개의 실화가 교차로 전개된다.

하나는 제2차 세계대전 직후인 1949년 프랑스. 외교관 남편의 부임지인 파리에 살면서 프랑스 요리를 배워 프랑스 요리책을 낸 미국인 줄리아 차일드의 이야기다. 다른 이야기의 주인공은 2002년 뉴욕 맨해튼에서 도시개발공사 공무원인 줄리 파웰. 줄리는 줄리아가 쓴 베스트셀러 요리책을 따라 요리에 도전하고, 그 시행착오 과정을 있는 그대로 블로그에 올리면서 작가로 성공한다.

이 영화 첫 부분에 가자미 버터구이가 나온다. 배편으로 자동차와 이삿짐을 싣고 프랑스에 도착한 외교관 부부가 식당에서 처음으로 먹어보는 요리가 솔 뫼니에르다. 이 장면을 본 사람이라면, 누구나 가자미 버터구이를 직접 만들어 보고 싶다는 생각이 들었을 것이다. 가자미 버터구이의 비주얼 때문인가, 아니면 메릴 스트립의 연기 때문인가. 어쨌든 이 영화는 프랑스 요리에 대한 로망을 심어주었다.

가자미는 광어, 도다리 등과 함께 넙치과에 속한다. 주로 서해안에서 많이 잡히는 '박대'도 넙치과다. 넙치과 생선의 장점은 무엇보다 생선살 수율收率이 높다는 점이 아닐까. 여수의 식당에서는 금풍생이구이가 나온다. 충무공 이순신이 삼도수군통제사 시절 즐겨 먹었다는 금풍생이(일명 군평선이 또는 딱돔)는 맛은 좋은데 생선살 수율이 낮다.

천재들의 공통점 중 하나는 미식가라는 점이다. 천재는 예민한 감각의 소유자다. 예각적인 심미안을 지속시키려면 미뢰味蕾를 설레게 해야 한다. 내가 연구한 천재 중 대표적인 미식가가 요한 볼프강 폰 괴테^{Johann Wolfgang von Goethe, 1749~1832}다. 괴테는 육류와 어류를 가리지 않는 잡식성 미식가였다. 식도락가로서 괴테의 남다른 점은 제철 식재료의 특성을 정확히 꿰고 있었다는 사실이다. 그는 식재료의 맛과 영양이 최상일 때만 요리해 먹었다.

괴테가 평균 수명이 50세를 전후하던 19세기 초반에 82세까지 장수할 수 있었던 데는 제철 음식으로 자양滋養을 하고 호기심이 살아 있었기 때문이 아닐까.

시인 백석白石, 1912~1996도 미식가였다. 백석이 시집《사슴》을 출간한 게 1936년 1월 20일. 100부 한정판 자비 출간. 호화 양장본인 책값은 2원. 시집이 나오자마자 품절되었다. 김기림, 정지용 같은 당대의 시인과 평론가들의 극찬이 이어졌다.《사슴》은 장안의 화제였다. 만주 용정의 열아홉 문학청년 윤동주는《사슴》을 백방으로 구하려 했으나 실패했다. 결국 윤동주는 도서관에서 시집을 빌려 필사筆寫한다.

백석은 하루아침에 스타가 되었다. 여기에 잘생긴 외모까지 더해져 백석 신드롬이 불었다. 그의 일거수일투족이 신문과 잡지에 실리곤 했다. 백석은 2년간의 조선일보 기자 생활을 그만두고 1936년 초부터 함흥으로 내려가 영생고보의 영어 교사로 근무한다. 영생고보 시절 백석은 대단한 멋쟁이였다. 짙은 그린 색 양복을 즐겨 입었다. 월급의 상당 부분을 멋 내는 데 썼다. 실력도 출중하고 발음도 원어민 못지않았을 뿐 아니라 교수법도 탁월했다. 여기에 잘생긴 데다 옷도 잘 입으니 학생들 사이에서 최고 인기였다. 경성의 여류 시인들에게 백석이 어떤 존재였는지는 두말할 필요도 없다. 조선 문단의 '모던 뽀이'가 백석이었다.

이쯤 되면 '모던 뽀이' 백석의 식도락이 궁금해진다. 백석은 영생고보가 가까운 운흥리의 어느 할머니 댁에서 하숙했다. 백석은 생선류를 좋아했고 육류를 멀리했다. 하숙집 할머니는 이런 하숙생의 입맛을 배려해 가급적 육류 반찬을 내놓지 않았다.

백석이 최애한 음식은 '가자미구이'였다. 그중에서 특히 참가자미구이를 좋아했다. 백석은 참가자미구이를 고추장에 찍어 먹었다. 백석은 방학이 되면 경성으로 올라가 친구들과 동료 문인들과 어울렸다. 방학이 끝나면 함흥으로 내려갔다. 함흥 하숙집에 짐을 풀자마자 어물전으로 향했다. 가자미 장을 보기 위해서였다. 상상해 보라. 당대의 시인이 어물전을 두리번거리며 참가자미를 고르는 장면을, 새끼줄에 대롱대롱 매달린 참가자미 한 두릅을 들고 의기양양하게 하숙집으로 돌아가는 발걸음을, 참가자미구이를 고추장에 찍어 먹을 생각에 시인의 입가에 번졌을 미소를.

백석은 시인이면서 최고의 번역가이자 산문가였다. 가자미구이를 이 정도로 좋아했다면 당연히 가자미에 대한 찬사를 남기지 않았을 리 없다. 마침 그는 조선일보로부터 '나의 관심사'라는 주제로 글을 써달라는 청탁을 받았다. 백석은 조선일보 1936년 9월 2일자에 〈가재미·나귀〉라는 글을 실었다.

  동해東海 가까운 거리로 와서 나는 가재미와 가장 친하다. 광어, 문어, 고등어, 평메, 햇대 생선이 많지만 모두 한두 끼에 나를 물리게 하고 만다. 그 저 한없이 착하고 정다운 가재미만이 흰밥과 빨간 고추장과 함께 가난하고 쓸쓸한 내 상에 한 끼도 빠지지 않고 오른다.

나는 이 가재미를 처음 십 전 하나에 뼘가웃씩 되는 것 여섯 마리를 받아 들고 왔다. 다음부터는 할머니가 두 두름 마흔 개에 이십오 전씩 사오시는데 큰 가재미보다도 잔 것을 내가 좋아해서 모두 손길만큼 한 것들이다.

그동안 나는 한 달포 이 고을을 떠났다 와서 오랜만에 내 가재미를 찾아 생선장으로 갔더니 섭섭하게도 이 물선은 보이지 않았다. 음력 8월 초순이 되어서야 이내 친한 것이 온다고 한다. 나는 어서 그때가 와서 우리들 흰밥과 고추장과 다 만나서 아침저녁 기뻐하게 되기만 기다린다. 그때엔 또 이십오 전에 두어 두름씩 해서 나와 같이 이 물선을 좋아하는 H에게도 보내어야겠다.

《시인 백석》(송준 지음)에서 재인용

나이가 들수록 점점 생선류가 좋아진다. 왜 그런지는 모른다. 일주일에 최소 한번은 생선구이를 먹지 않으면 어딘가 불안하다. 노릇노릇하게 구워 포슬포슬한 생선살을 흰쌀밥에 얹어 먹을 때의 황홀함이란!

최근 몇 년 사이 나의 식도락사史 사건은 박대 맛을 다시 맛보았다는 것이다. 어릴 적 고향에서 어머니가 철마다 해주신 박대 맛. 서울로 올라온 이후 나는 사십 년 넘게 박대 맛을 잊고 살았다. 2023년 군산클럽에 강연을 하러 다니면서 박대를 다시 알았다. 한번은 강연 시작 전 내게 '박대 이야기'를 들은 경찰서장과 대학 총장을 지낸 두 분이 박대구이 점심에 초대했다. 노릇하게 구워진 박대구이를 놓고 나는 한참을 쳐다보았다. 차마, 젓가락을 댈 수 없었다. 조심조심 박대살을 발라 입에 넣었다.

생선살이 입천장에 닿는 순간 프루스트의 마들렌 과자처럼 어린 시절 기억이 피어올랐다.

나는 아직까지 가자미구이를 고추장에 찍어 먹어본 일이 없다. 참가자미는 겨울이 제철이다. 올겨울이 다 가기 전 백석처럼 참가자미구이를 고추장에 찍어 먹어 보고 싶다.
도대체 어떤 맛이길래.

Episode 02
등 푸른 생선 세계 일주
절인 고등어 초밥

회전 초밥집에 갈 때마다 메뉴를 보지도 않고 먼저 주문하는 게 있다. 절인 고등어 초밥이다. 그다음이 절인 청어 초밥과 절인 전갱이 초밥이다. 대개, 절인 고등어 초밥은 "메뉴판에는 있지만 준비되지 않았다"는 대답이 돌아온다.

이렇게 써놓고 보니 선호하는 초밥은 모두 등 푸른 생선류다. 이것은 내가 등 푸른 생선류가 함유하고 있다는 영양학적 성분을 신뢰해서가 아니다. 나는 고등어의 검푸른 몸 색과 특유의 비린내에서 녀석이 헤엄쳐 온 대양의 검푸른 파도를 느끼곤 한다.

조림, 구이, 절임, 훈제 그리고 회까지. 어떤 방식으로 먹어도 만족도가 높은 생선이 고등어다. 한국인이 가장 오랜 세월 즐겨온, 가성비 높은 생선으로 고등어. 그중 소금에 절인 고등어를 자반고등어라 부른다. 안동에서는 소금 간을 했다는 의미에서 간고등어(안동말 간고디)라 한다. 누구나 아는 대로 유명한 간고등어 생산지가 경상북도 안동과 영주다. 생선은 먹고 싶은데, 바다와 먼 내륙 지방에 있다 보니 고등어를 소금에 절여야만 오래 보관해 먹을 수 있었다. 고등어를 손질해 염장을 전문으로 하는 사람은 간잽이(간잡이)라 한다.

현대문학에서도 고등어가 등장한다. 경북 청송 진보면이 고향인 김주영은 장편 대하소설 《객주》에서 안동 간고등어에 대해 이렇게 묘사한다.

> 안동에서 가장 가까운 바다는 영덕인데... 동해안에서 잡힌 고등어는 강구항을 통하여 육지로 들어 오는데... 고등어란 녀석은 성질이 급하여 잡히자말자 제 성질에 죽어 버린다. 그래서 영덕에서 우마차로 꼬박 하루 거리인 챗거리 장터까지 와서는 소금으로 간을 맞추어 보관하게 되었다.

소설에 묘사된 것처럼 옛날에는 고등어를 영덕과 울진에서 소금을 쳐 내륙지방인 안동과 영주로 들어왔다. 교통이 발달한 지금은 안동까지 생물로 들여와 염장을 한다.

시인들도 이런 고등어를 시어로 빚어냈다. 박경임 시인의 〈고등어〉, 천서봉 시인의 〈고갈비 굽는 저녁〉과 같은 시들이 탄생했다. 소설가 공지영 또한 오래전에 〈고등어〉라는 제목의 장편소설을 써냈다.
산울림 김창완이 〈어머니와 고등어〉를 부른 게 1983년. 가수 루시드폴은 2009년에 〈고등어〉를 발표했다. 생선 중에서 대중가요 제목으로 등장한 것이 고등어 말고 또 있던가. 기억이 나질 않는다. 루시드폴의 〈고등어〉는 어물전 좌판에 놓인 고등어가 보는 세상 이야기다. 관점은 새롭지만 살갑게 다가오지 않는다. 아마도, 노랫말이 자연스럽지 못해 그러는 것이지 싶다. 반면 〈어머니와 고등어〉는 여전히 흥얼거리게 된다.

> 한밤중에 목이 말라 냉장고를 열어보니
> 한 귀퉁이에 고등어가 소금에 절여져 있네
> 어머니 코고는 소리 조그맣게 들리네
> 어머니는 고등어를 구워주려 하셨나 보다
> 소금에 절여놓고 편안하게 주무시는구나
> 나는 내일 아침에는 고등어구이 먹을 수 있네
> 어머니는 고등어를 절여놓고 주무시는구나
> 나는 내일 아침에는 고등어구이 먹을 수 있네
> 나는 참 바보다 엄마만 봐도 봐도 좋은걸
> 　　　　　　　　　　김창완 〈어머니와 고등어〉 가사 중에서

고등어는 5대양에서 많이 잡히는 흔한 생선이다. 그래서 아시아, 아프리카, 아메리카, 그리고 유럽에서 고등어를 소비한다. 고등어는 군집성^{群集性} 어종이다. 고등어 떼가 몰려다니는 모습은 장엄하고 황홀하다. 고등어는 배 한 척으로 잡지 못한다. 여러 척이 대형 선망 선단을 이뤄 동력으로 그물을 끌어 올린다. 선망^{船網}으로 잡는 모습을 보면 그 규모에 입을 다물지 못한다. 자연스레 포획한 고등어의 저장법이 중요해진다.

유럽 사람도 고등어 보관이 골칫거리였다. 고등어는 그날 잡아 그날 먹지 않으면 안 되는 생선이다. 그래서 냉장법과 통조림이 개발되기 이전에는 절임과 훈제로 보관해야 했다. 영국에서는 훈제 고등어와 숯불구이 고등어chargrilled mackerel를 많이 먹는다. 영국 마트에 가면 훈제 고등어와 고등어통조림이 진열 중이다. 레스토랑 메뉴에도 대구, 광어, 농어, 아귀 등과 함께 훈제 고등어 요리가 포함되어 있다.

독일에서는 훈제 고등어와 절인 청어를 먹는다. 훈제 고등어는 익힌 감자를 곁들여 먹는다. 베를리너들은 간편하게 절인 청어Matjes Hering를 즐긴다. 어른 손바닥 길이보다 조금 작은 크기의 어린 청어를 바게트와 함께 먹는다. 베를린에 여행 갔을 때 베를린 중앙역의 식당가에 절인 청어를 바게트와 파는 가게가 있었다. 고민하다가 하나 사서 호텔 방에서 먹어보았다. 비린 맛이 아주 강했다. 비린 것을 즐기는 나도 더 먹을까 말까를 살짝 고민했을 정도였다. 베를리너들은 어린 청어를 왜 좋아할까.
지방 함량이 20%를 넘어서다.

덴마크에서는 훈제 고등어 필레를 후추로 양념해 호밀빵에 얹어 먹는다. 스페인 사람들은 훈제 고등어 한 마리를 통째로 쪄서 먹는 에스카베체Escabeche를 즐긴다. 북인도에는 고등어 카레 요리가 있다. 태국에서도 깽쏨Kaengsom이라는 고등어요리를 먹는다. 꼭 우리나라의 고등어찌개와 비슷하다. 라오스, 말레이시아 등 동남아시아에서 먹는 고등어 요리다.

고등어를 다양한 방법으로 즐기는 나라는 한국과 일본이다. 먼저 일본을 보자. 스시, 시메사바동(절인 고등어 덮밥), 고등어구이 세 가지다. 한국은 여기에 회, 조림, 찌개, 고등어솥밥이 추가된다.

고등어는 어떻게 먹는 게 가장 맛나. 연령대에 따라, 사람마다 다르겠지만, 가장 일반적인 게 구이와 조림이다.

저녁 메뉴가 마땅찮을 때 냉장고에 자반고등어 한 마리가 있으면 한 끼 식사가 해결된다. 잘 구워진 고등어의 포슬포슬한 살을 발라 먹으면 마블링이 좋은 스테이크처럼 입에서 살살 녹는다. 하얀 생선살을 흰쌀밥에 얹어 먹을 때, 그 행복감을 뭐라 표현해야 할까.

제주도는 알수록 매력적인 섬이다(호텔비가 비싼 것만 빼놓고는). 제주도가 좋은 이유 중의 하나는, 내 경우는, 다양한 고등어 요리를 신선하고 맛있게 먹을 수 있어서다. 고등어회를 착한 가격에 즐길 수 있는 곳은 제주도가 유일하지 않을까.

지난 추석 연휴 때 제주공항과 가까운 작은 식당에서 시메사바동을 경험했다. 여름에 제주도 여행을 다녀온 딸이 강추(강력 추천)한 곳이다. 시메사바(しめさば 締鯖)는 고등어를 소금과 식초에 절인 것이고, 이것을 고등어 초회라 한다. 밥을 밑에 깔고 고등어 초회를 얹은 것이 시메사바동이다. 먼저 고등어 초회 한 점을 젓가락으로 집어 먹어 보았다. 맛이 오묘했다. 익혔지만 날것의 풍미가 아주 살짝 코끝을 스쳤다. 또한 고등어 특유의 비린 맛도 입안에 풍겼다. 두세 번 씹으니 섬세한 감칠맛이 돌았다. 이런 걸 감칠맛의 정수라고 하나. 이번에는 양념이 된 고슬고슬한 밥을 비벼 그 위에 시메사바를 한 점 올려 먹어보았다. 감칠맛이 베수비오 화산

처럼 폭발했다. 숟가락질을 할 때마다 시메사바가 줄어드는 게 그렇게 아쉬울 수가 없었다. 식당을 나와 저녁을 먹을 때까지 입안에 은은한 감칠맛이 감돌았다. 음식에 대한 나의 기준은 뒷맛까지 좋아야 한다는 것이다. 그것이 입안에서 오래 지속될 때 기분이 좋아진다.

시메사바동. 현재까지의 미식 경험으로는 고등어 요리의 황금종려상이다.

Episode 03

상처를 쓰다듬고 사랑으로 하나 되는
멸치덮밥

〈바닷마을 다이어리^{海街diary, 2015}〉

최근 10년 사이 내가 감동한 일본 영화 중 하나다. 세 자매가 배다른 여동생의 등장으로 잠시 혼란을 겪다가 가족애로 융합하는 과정이 바닷마을 가마쿠라를 배경으로 잔잔하게 펼쳐진다. 그런데 이상하게 나는 이 가족영화를 만든 감독의 이름이 입에 붙지 않았다. 책에 이름을 써놓고도 외우진 못했다. 주인공 아야세 하루카의 서글서글한 눈빛에 빠져서일까. 또 다른 가족영화 〈그렇게 아버지가 된다^{そして父になる, 2013}〉를 찍은 감독인데도 말이다.

고레에다 히로카즈^{是枝裕和, 1962~} 감독. 내가 고레에다를 확실하게 기억하게 된 것은 헤르만 헤세^{Hermann Hesse, 1877~1962}로 인해서다. 지니어스 테이블에서 '헤르만 헤세 강연'을 준비하던 중 그의 이름이 툭 튀어나왔다. 고레에다 감독은 자타가 공인하는 '헤세 팔로워'였다는 것이다. 곰곰이 반추해 보니 헤세의 대표작들이 모두 인간의 영적 성장을 다루고 있다는 점에서 고레에다 감독의 작품들과 맥이 닿아 있었다.

〈바닷마을 다이어리〉를 다시 봐야지 하면서 머릿속으로 여러 장면을 회상하고 있던 2022년, 이번에는 〈슬램덩크〉의 바람이 불어왔다. 1990년대에 히트한 만화 〈슬램덩크〉. 2022년 12월에 개봉한 〈더 퍼스트 슬램덩크〉가 한국을 비롯한 아시아권에서 큰 인기를 끌면서 〈슬램덩크〉의 무대가 다시 주목받았다.

〈슬램덩크〉의 성공은 '콘고지신'이라는 신조어를 탄생시켰다. 콘텐츠Contents+온고지신溫故知新의 합성어다. 20~30년 전 유행한 콘텐츠가 새로운 형식으로 변주되어 인기몰이를 하는 현상을 아우르는 용어다. 콘고지신을 뒷받침하는 콘텐츠로는 포켓몬스터, 마시마로, 베르사유의 장미 등이 있다.

〈슬램덩크〉로 인해 유명해진 장소가 가마쿠라코코마에鎌倉高校前역 건널목이다. 우리말로 풀어 쓰면 '가마쿠라 고교 앞'역. 기차에서 내려 역사를 빠져나가면 바로 나오는 건널목이다. 아마도 세상에서 가장 유명한 건널목 중 하나가 아닐까 싶다. 〈슬램덩크〉 팬들은 만화 시리즈로 이 건널목을 알았지만 나는 〈바닷마을 다이어리〉를 통해 이곳을 접했다.
《도쿄가 사랑한 천재들》에 등장하는 인물들을 취재하면서 나는 이

건널목을 가보았다. 소설가 나쓰메 소세키^{夏目 漱石, 1867~1916}도 가마쿠라와 인연이 있었다. 도쿄에서 영어 교사를 하던 나쓰메가 폐결핵 진단을 받고 요양을 한 곳이 가마쿠라의 엔카쿠지^{圓覺寺}였다.

그러나 나쓰메가 요양한 사찰이 가마쿠라에 있다는 이유만으로 가마쿠라행^行을 선택하기란 쉽지 않았다. 그러던 차에 구로사와 아키라의 만년유택^{萬年幽宅}이 가마쿠라에 있다는 사실을 확인하게 되었다.

구로사와 아키라^{黒澤明, 1910~1998}는 미국 영화를 연구해 마침내 할리우드를 뛰어넘은 영화감독이다. 그가 잠든 곳이 가마쿠라의 엔요인^{安養院} 사찰 묘지였다. 한 사람의 생애가 완결되는 곳이 묘지다. 묘소는 천재 연구에서 빼놓을 수 없는 공간이다.

도쿄에서 나서 도쿄에서 주로 활동한 영화감독 묘지가 왜 가마쿠라에 있는 걸까 의아해 했지만, 어느 순간부터 생각이 바뀌어 가마쿠라에 안식처를 마련한 구로사와 감독에 감사하게 되었다. 〈바닷마을 다이어리〉의 무대가 가마쿠라였기 때문이다. 나는 쾌재를 불렀다. 구로사와를 만나러 가는 길에 〈바닷마을 다이어리〉와 가마쿠라 막부의 현장도 확인하면 그야말로 일석삼조 아닌가.

가마쿠라는 가나가와현^縣의 도시. 우키요에 화가 가츠시카 호쿠사이^{葛飾北斎, 1760~1849}의 대표작 〈가나가와 해변의 높은 파도 아래^{神奈川沖浪裏, 1831}〉에 나오는 그곳이다. 내 인생에서 가마쿠라가 최초로 들어온 것은 국사 시간이었다. 일본 최초의 무사 정권이 가마쿠라 막부였으며, 140여 년간 일본을 통치했다. 고려를 침탈한 몽골군은 섬나라 일본을 탐냈다. 고려군을 앞세운 '여몽연합군'의 두 차례 일본 원정^{1274~1281}이 모두 가마쿠라 막부 시대에 벌어졌다.

몽골군의 일본 원정은 때마침 불어온 태풍으로 인해 실패로 끝났다. 일본은 그 고마운 태풍을 가미카제^{神風}라 불렀다. 일본은 태풍의 도움으로 간신히 정복당하는 것을 면했지만 전쟁의 후유증으로 가마쿠라 막부 정권도 붕괴되었다. 두 번째 막부 정권은 교토에서 출범한 무로마치 막부. 나는 최초의 막부 정권이 존속했던 가마쿠라가 어떤 곳인지 궁금했었다.

가마쿠라 여행은 열차를 타는 게 최상이다. 도쿄 신주쿠역 오다큐^{小田急}선 창구에서 가마쿠라 왕복 티켓을 판다. 가마쿠라까지는 직행이 없어 후지사와^{藤澤}역에서 열차를 바꿔 탄다. 신주쿠역에서 후지사와역까지 걸리는 시간은 50분. 후지사와역에서 내려 역사를 나와 에노덴^{Enoden, 에노시마 전철선}선으로 환승한다. 에노덴 선의 출발역이 후지사와역이고, 종점이 가마쿠라역이다.

가마쿠라 여행의 백미는 에노덴 열차에서 보는 풍광이다. 보통 3~4량으로 운행되는 열차는 주택가 사이로 난 철길을 조심스럽게 달린다, 그러다 어느 순간, 바다가 짠하고 나타난다. 이때 에노덴 열차를 처음 타본 사람은 탄성을 지른다. 바다의 윤슬이 차창으로 한가득 들어온다. 태평양이다. 에노덴 열차는 그렇게 바다와 팔짱을 낀 채 20여 분을 달린다. 〈바닷마을 다이어리〉에서도 에노덴 열차가 해안선을 따라 곡선을 그으며 미끄러져가는 장면이 나온다. 누구나 저길 가보고 싶다는 생각이 든다.

여행객들이 가마쿠라 역에 앞서 우르르 내리는 곳이 '가마쿠라코코마에' 역이다. 여행객들은 건널목에서 숨죽인다. 가마쿠라 역을 출발한 기차가 역사 플랫폼으로 진입하는 순간을 기다린다. 그리고 열차가 건널목 철로를 지나가는 그 2~3초의 순간을 동영상으로 담는다. 마치 오페라극장의 검은색 막이 촤~악 열리면서 화려한 무대가 순식간에 눈앞에 등장하는 것 같은 경이로움이 펼쳐진다. 이어 차단봉이 올라가면 사람들은 건널목을 우르르 건넌다.

고레에다 감독은 헤세에게서 내러티브를 배웠고, 헤세는 카를 구스타브 융^{Carl Gustav Jung, 1875~1961}의 정신분석 치료법을 소설에 녹였다. 어떤 영화가 긴 여운을 남기려면 음식 이야기가 들어가야 한다. 역사와 사찰과 풍광을 제외하고 가마쿠라를 유명하게 만든 게 멸치덮밥이다. 바다에서 잡은 잔멸치를 뜨거운 물에 살짝 데친 다음 물기를 말려 밥에 올려 먹는 것이다. 여기에 달걀노른자를 얹어 비벼 먹는다. 영화에서 멸치덮밥 장면이 여러 번 나온다. 자매들에게 정체성 확인의 매개로 등장하는 게 멸치덮밥이다. 네 자매는 멸치덮밥과 얽힌 추억을 하나씩 꺼내면서 서로의 상처를 쓰다듬고 사랑으로 하나가 된다.

멸치덮밥은 가마쿠라 여행의 필수코스다. 구글 맵을 따라 고마치^{小町}의 허름한 골목길로 들어섰다. 식당 앞에는 이미 10여 명이 줄을 서고 있었다. 40분을 기다려 식당 안으로 들어갔다. 부부 두 사람이 운영하는 식당은 모든 게 소박했다. 좌석은 8~10개 정도. 드디어 멸치덮밥이 나왔다. 비주얼은 너무나 평범했다. 슥슥 비볐다. 한입 먹었다.

순간, 입안에서 불꽃이 터졌다. 세상에 이런 맛도 있었구나. 멸치가 이런 맛을 내다니.
맛의 신세계가 활짝 열렸다.

Episode 04

혀끝에 맴도는 역사의 맛

대구지리

    코로나가 한창이던 2021년의 어느 봄날, 하도 답답해 아내와 부산을 1박 2일로 다녀왔다. 부산에서 네 끼를 먹었는데, 우연히 그중 두 끼가 대구大口였다. 저녁은 해운대 달맞이길에 있는 유명한 대구탕집에서 푸짐한 대구탕을 착한 가격에 맛보았다. 감동이었다. 이런 맛집을 기다리지도 않고 여유 있게 즐길 수 있었던 것은 전적으로 코로나 '덕분'이었다. 뽀얀 국물의 담백함과 쫄깃한 대구살의 식감은 지금도 혀끝에서 맴도는 듯하다.

    돌아오는 날 점심은 생선구이가 먹고 싶어 자갈치시장으로 갔다. 생선구이 전문 식당에서 모둠 생선구이를 시켰다. 갈치, 서대, 열기, 그리고 정체불명의 생선토막이 나왔다. 갈치와 서대와 열기는 외양으로도 쉽게 알 수 있었는데 생선토막은 맛으로는 식별이 힘들었다. 우윳빛처럼 뽀얗고 아삭거리는 두툼한 생선살을 발라 먹으며 궁금해서 견딜 수가 없었다. 이 생선이 뭘까. 아내에게도 물어보았지만 모르겠단다. 이름도 모른 채 즐긴다는 게 제 살을 내준 생선에 대한 예의가 아닌 것 같았다. 종업원에게 묻지 않을 수 없었다.

"대구 뽈때기살입니다."
탕으로는 몇 번 먹어보았지만 대구뽈때기구이는 처음 경험하는 것이었다. 네 종류의 생선 중 최고는 단연 대구뽈때기살이었다. 담백하면서도 식감도 좋고 맛이 깔끔했다.

나의 최애 메뉴 중 하나가 생선매운탕이다. 생선살과 무와 채소에서 우러나오는 그 깊은 국물 맛을 좋아한다. 그런데 대구탕의 경우 나이가 들면서 어느 순간 지리로 바뀌었다. 대구살을 고추냉이를 살짝 푼 간장에 찍어 먹을 때마다 대구와 얽힌 이야기들이 머리를 스치곤 한다. 지금부터 대구와 연결된 무수한 이야기들을 따라가 보자.

몽골계 원주민의 땅인 아메리카에 처음 상륙한 민족은 10세기 바이킹족이다. 일확천금의 야심가 크리스토퍼 콜럼버스보다 5세기가 앞선다. 항해술과 고기잡이에 뛰어난 바이킹족은 본거지인 노르웨이에서 출발해 아이슬란드, 그린란드를 거쳐 캐나다에 도착했다.

군집성 어종인 대구는 찬물의 얕은 바다를 좋아한다. 30~50m로 수심이 얕은 바다가 대구의 놀이터다. 길이가 1m에 이르는 물고기가 얕은 바다를 떼지어 다닌다! 바이킹족의 항로는 북대서양 대구 떼의 서식·이동 경로와 겹치기도 한다.

바이킹족은 그린란드에서 가까운 아메리카 대륙인 캐나다 뉴펀들랜드에 오랜 기간 거주했다. 여기서 우리가 기억해야 할 사실은 바이킹족은 뉴펀들랜드를 '신대륙'이라고 생각하지 못했다는 점이다. 바이킹족은 일확천금의 꿈으로 '신대륙'에 도착하지 않았다. 그들은 대구 떼를 쫓다 보니 그린란드를 거쳐 캐나다에 이르렀을 뿐이다. 그들은 그 광활한 땅에 바이킹의 유산은커녕 이렇다 할 문명의 흔적을 남기지 않은 채 신대륙 역사에서 퇴장한다.

세계 4대 어장漁場은 뉴펀들랜드 어장, 북대서양 어장, 북태평양 서안어장(베링해, 오츠크해), 북태평양 동안 어장(알래스카)이다. 이중 북대서양 어장과 뉴펀들랜드 어장은, 앞에서 살펴본 대로 대구의 천국이었다. 대구는 꽁치 같은 어류를 포함해 무엇이나 잡아먹는 포식성 어종이면서 번식력도 뛰어나다. 대구 암컷 한 마리가 200만~300만 개의 알을 낳는다.

여기서 캐나다 북대서양의 작은 주 뉴펀들랜드 New Foundland 어원을 따져본다. 문자 그대로 새롭게 발견한 땅이다. 1497년 영국 왕의 명을 받고 새로운 무역 항로를 개척하기 위해 항해를 시작한 존 캐벗은 한 달여 만에 낯선 육지를 발견했다. 새로 발견한 '낯선 육지'가 그대로 이름이 되었다. 앞바다에는 대구가 바글바글했다. 뉴펀들랜드 어장은 이렇게 세상에 알려지게 되었다.

《삼총사》,《몬테크리스토 백작》의 작가 알렉상드르 뒤마는 파리에서 알아주는 미식가였다. 대구 요리를 좋아한 뒤마는 대구와 관련 흥미로운 글을 남겼다.

> 만약 대구 알들이 모두 부화해서 자란다면 단 3년 안에 바다가 꽉 차 발을 바닷물에 적시지 않은 채 대구 등을 밟고 대서양을 건널 수 있다는 계산이 나왔다.
>
> 《뒤마 요리사전》 중에서

대구는 미국 독립전쟁에서도 첨예한 이슈로 떠올랐다. 영국은 식민지 뉴잉글랜드에 당밀과 차에 세금을 매기고 대구 수출을 제한했다. 이에 뉴잉글랜드 사람들이 반발하면서 독립전쟁이 발발했다. 실제로 1782년 영국과의 평화 협상에서 미국의 대구 어업에 대한 권리가 쟁점이 되었다.

뉴잉글랜드 사람들이 대구를 어떻게 생각하는지는 매사추세츠 주의회 의사당 천장에 매달린 커다란 대구 조형물을 보면 한눈에 알 수 있다. 이름하여 '신성한 대구Sacred Cod'다.

대구로 인해 벌어진 전쟁이 하나 더 있다. 대구 전쟁Cod War, 1958~1976. 대구라는 생선을 놓고 영국과 아이슬란드 사이의 전쟁! 아이슬란드는 1958년부터 1976년까지 모두 세 차례 영국과 함포 사격을 주고받는 전쟁을 벌였다. 세계사에 길이 남는 대구 전쟁이다. 이 전쟁은 배타적 경제수역Exclusive Economic Zone: EEZ 200마일을 탄생시키는 것으로 마무리되었다.

언제 터질지 모르는 활화산을 껴안고 8개월이 눈으로 뒤덮인 북위 65도의 나라 아이슬란드! 인구 34만 명, 유럽의 소국 중 소국인 아이슬란드는 어째서 강대국 영국과 맞짱을 뜨겠다고 결심했을까.

찬물을 좋아하는 대구는 북대서양과 북태평양이 주요 서식지다. 노르웨이, 핀란드, 아이슬란드, 영국과 아이슬란드 사이의 섬나라 페로^{Faroe} 제도와 같은 북유럽 국가에서 대구잡이를 주로 한다.
아이슬란드는 대구잡이가 주산업이다. 대구는 버릴 게 하나도 없는 생선이다. 몸통은 소금에 절이고 남은 알, 창자, 아가미로 젓갈을 만든다. 대구를 염장할 때 빼낸 간^{肝}은 따로 모아 대구 간유^{肝油}와 의약품 원재료로 쓴다. 대구껍질로는 지갑도 만든다. 대구 간유는 철분이 부족한 사람에게 좋은 건강식품이다. 그런 어느 날, 영국 어선이 아이슬란드 앞바다까지 와서 대구를 싹 잡아가자 아이슬란드 정부가 사생결단을 내렸다. 어업구역을 기존의 4해리$^{7.4km}$에서 12해리$^{22.2km}$로 확대 선포하면서 양국 간 충돌이 발생했다.

대구는 유럽인의 주식 중 하나다. 유럽인의 식생활은 대구를 빼놓고는 설명이 되지 않는다. 이탈리아의 바칼라, 포르투갈과 스페인의 바칼라우, 영국의 피시 앤 칩스, 노르웨이의 퇴르피스크와 루트피스크, 아이슬란드의 대구 머리찜…. 바칼라우는 소금에 절여 말린 대구의 염분을 제거해 만드는 요리다. 포르투갈에는 대구요리법이 천 가지가 넘는다고 한다. 바이킹의 음식이라 불리는 퇴르피스크는 말린 대구로 만드는 요리다.
대구가 유럽인들의 주식으로 자리 잡은 데는 종교적인 이유도 작용했다. 중세 가톨릭교회는 금식일, 사순절 같은 날에는 소, 양, 돼지 같은 '붉은 식품'을 금했다. 육식이 금지된 날이 1년 중 절반에 달했다. 하지만 생선같은 차가운 식품은 허용되었다. 동물성 단백질을 섭취하려면 생선을 먹어야 했는데, 대구가 가장 흔한 생선이었다.

뱃사람에게 대구보다 고마운 생선이 있을까? 대구는 잡아 매달아 놓으면 그 부피가 5분의 1로 줄어들면서 마른 장작처럼 단단해진다. 말린 대구는 뱃사람에게 바게트와 같았다. 바게트를 뜯어 먹듯 말린 대구를 찢어 오물오물 씹어먹으면 감칠맛과 함께 포만감을 준다.

대구는 1453년 콘스탄티노플 함락 이후 전개되는 대항해시대에 효자 노릇을 톡톡히 한다. 최소 수개월에서 일 년 이상이 걸리는 항해에서 중요한 게 식량과 물의 확보다. 상할 염려가 없이 장기간 보관이 가능한 식량. 대구는 지방이 거의 없어 말리기만 하면 뱃사람들의 식량으로 안성맞춤이었다.

우리 조상도 대구를 즐겨 먹었지만 대구를 말려 뱃사람 식량으로 쓸 생각은 하지 못했다. 먼 바다로 나갈 일이 없었기 때문이다. 조선 500년 동안 바다는 절벽이었고 낭떠러지였다. 육지에서 배가 보이는 데까지만 나가 물고기를 잡았을 뿐이다.

대구는 지명으로도 남았다. 17세기 초 청교도들이 대서양을 건너 처음으로 정착한 곳이 케이프 코드 Cape Cod, 매사추세츠주에서 대서양으로 뻗친, 낚싯바늘처럼 생긴 반도다. 뉴잉글랜드의 초기 이민자들은 강추위에 먹을 게 없어 겨울을 날 때마다 인구의 절반가량이 죽어 나갔다. 그런 상황에서 굶어 죽지 않고 살아남을 수 있었던 것은 말린 대구 덕분이었다.

　드물지만 배 위에서 대구를 회로 먹어본 사람들이 있다. 요트를 하는 지인에 따르면 대구회는 살점이 반투명한 하얀 색깔에 무지개색이 살짝 비친다. 대구회는 도토리묵 같은 식감에 맛이 없는 무미^{無味}라고 한다.

Episode 05

하루키가 찬미한 상상력의 국물

사누키 우동

일본 시코쿠四國의 다카마쓰高松를 알게 된 것은 전적으로 무라카미 하루키村上春樹, 1949~ 덕분이다. 《해변의 카프카》를 처음 읽게 된 것은 '카프카'라는 제목에 끌려서다. 프란츠 카프카라는 매혹적인 보헤미안 작가를 제목에 등장시켰는데 어찌 이 소설이 궁금하지 않겠는가. 아마도 카프카Kafka를 소설 제목으로 쓴 작가는 하루키가 세계 최초가 아닐까.

이 소설에 등장하는 주요 도시가 다카마쓰와 도쿄다. 소설 속 주인공은 열다섯 살 다무라 카프카. 부모의 이혼으로 아버지와 함께 살지만, 아버지와 사이가 좋지 않다. 소년은 스스로 강해지고 어른스러워지려 노력한다. 주인공은 어느 날 무작정 가출해 밤새 달리는 야간고속버스를 타고 다카마쓰로 간다. 다카마쓰는 카가와香川현에 있는 인구 43만의 도시지만, 도쿄에 비하면 깡촌이다. 주인공은 다카마쓰에서 이름과 나이를 속여가며 작은 사립도서관의 사서 보조로 취직한다. 열다섯 살 소년은 노련한 자취생처럼 혼자서도 이것저것 잘 만들어 먹는다. 소설은 현실과 초현실을 넘나들고 스릴러, 판타지, 미스터리를 번갈아 가며 독자들을 사로잡는다. 소설을 읽다 보면 다카마쓰가 몹시 궁금해진다.

하루키가 《해변의 카프카》를 쓴 게 2002년이다. 하루키 팬덤은 상상을 초월한다. 그들을 무라카미안 또는 하루키스트라 부른다. 이들은 하루키의 소설에 등장하는 장소들을 찾아 여행하고 그 경험을 공유한다. 《하루키를 찾아가는 여행》이라는 책도 오래전에 출간됐다.

하루키는 미식여행기를 쓰기도 했다. 2008년에 번역된 《하루키의 여행법》이다. 이 책에는 카가와에서 우동집을 순례하는 이야기가 나온다.

계속 우동만 먹어대니까 아무리 우동을 좋아한다고 해도 점점 뱃속이 이상해졌지만, 다음 차례인 '가모 우동집'으로 향했다. …하지만 철저하게 우동을 먹겠다는 목적으로 취재차 시코쿠까지 왔으니 후회해봐도 이미 때는 늦었다. 이렇게 된 이상 위장이 받아들이는 한 계속 우동을 먹을 수밖에 없는 것이다.

아침 아홉 시가 조금 넘은 시간이었다. 날씨도 좋고 우동도 기가 막히게 맛있었다. …개인적인 생각으로는, 우동이라는 음식에는 뭐랄까, 인간의 지적 욕망을 마모시키는 요소가 들어있는 것 같다.

하루키 소설의 특징은 음식과 음악 이야기가 자주 등장한다는 점이다. 이미 《해변의 카프카》에서도 하루키는 주인공의 입을 통해 다카마쓰의 우동에 대해 극찬을 한 적이 있다. 주인공은 다카마쓰역 광장 건너편에 보이는 우동집에 들어가 우동을 먹는다.

나는 도쿄에서 태어나서 줄곧 도쿄에서 자랐기 때문에 우동이라는 걸 별로 먹어본 적이 없다. 그렇지만 이건 내가 지금까지 먹어본 어떤 우동과도 달랐다. 우동 면발이 쫄깃하고 신선하며 국물 맛도 좋다. 게다가 가격도 깜짝 놀랄 만큼 싸다. 너무 맛있어서 한 그릇 더 시킨다. 덕분에 오랜만에 배가 불러서 행복한 기분이 된다.

《하루키의 여행법》은 이미 《해변의 카프카》에서 그 씨앗이 뿌려졌다고 봐야 할 것이다.

일본은 우동의 나라다. 일본의 대표 우동이 사누키讚岐 우동이다. 카가와의 옛 이름이 사누키다. 강수량이 부족한 사누키에서는 예부터 밀을 많이 재배했고, 자연스럽게 국수를 주식으로 삼았다. 면발이 굵고 쫄깃하고 탱글탱글한 식감이 사누키 우동의 매력이다. 쫄깃함의 비밀은 밀가루를 반죽할 때 들어가는 물과 소금의 비율에 있다고 한다.

하루키는 《하루키의 여행법》을 쓰기 위해 카가와에서 가모 우동을 비롯해 소문난 우동집을 찾아다녔다. 그런 그가 나중에 다시 가보고 싶은 곳으로 꼽은 곳이 나카무라 우동이다. 나카무라 우동집은 다카마쓰와

붙은 마루가메丸龜에 위치한다. 직접 자동차를 몰지 않고서는 교통편이 참 애매하다. 그만큼 외졌다.

다카마쓰역에서 급행을 타고 사카이데역에서 내려 다시 버스를 갈아타기로 했다. 그런 다음 오카다岡田행 버스를 타고 야마노다니山の谷 정류장에서 내려 걸어가기로 했다. 하지만 나의 어처구니없는 판단 착오로 버스를 놓치고 말았다. 다음 버스는 한 시간 뒤. 택시를 탈 수밖에. 택시는 도심을 벗어나 20여 분 만에 들판을 달렸다. 멀리 나카무라なかむら 깃발이 파란 하늘에 군기처럼 팔락거리고 있었다.

나카무라의 영업시간은 오전 9시~오후 2시. 문을 열려면 20여 분이 남았다. 주변을 둘러봤다. 우동집 뒤편으로는 포도밭과 감자밭이 보였다. 그 뒤로 멀리 사발을 뒤집어놓은 것 같은 산이 봉긋했다. 이이노산飯野山이다.

우리보다 먼저 나카무라에 도착한 승용차가 있었다. 택시 기사에 따르면 도쿄 번호판이란다. 자동차에서 나오는 남자에게 말을 거니 나카무라 우동을 먹고 싶어 어제 도쿄에서 출발해 오사카에서 하룻밤을 잤다고 했다. 오사카에서 새벽에 일어나 여섯 시간을 차를 몰고 왔단다. 문을 여는 시간이 임박해지자 약속이나 한 듯 자동차들이 꼬리를 물었다. 히로시마 자동차 번호판에서 내린 여성은 유튜버였다. 주변을 동영상으로 찍으며 쉬지 않고 말을 했다.

영업 시작 5분쯤 남았을 때였다. 식당 안에서 면을 삶을 때 나는 특유의 냄새가 훅 스쳤다. 우동면을 삶는 중이구나. 어릴 적 어머니가 만두를 빚어 끓는 물에 집어넣을 때 맡아본 그 냄새였다. 침이 돌았다.

정각 9시에 여종업원이 문을 열었다. 두 번째로 들어갔다. 막 건져낸 고소한 튀김 냄새가 진동했다. 동행과 미리 메뉴판을 보고 구상한 대로 소小자로 가케우동 더운 것과 찬 것, 가마타마釜たま 우동을 주문했다. 튀김은 야채 튀김, 오징어다리인 게소ゲソ, 원통형 어묵튀김인 치구와ちくわ를 골랐다.

자리에 앉아 찰기가 자르르 흐르는 면발을 감상했다. 일단 비주얼에서부터 식욕을 자극했다. 먼저 가케우동을 먹어보기로 했다. 쫄깃하고 탱탱한 면발이 감미롭다. 미끈한 목넘김이 황홀하다. 입속의 연인이 이만할까. 음식의 차원을 넘어선 식감이다. 에로티시즘이다. 하루키가 다시 오고 싶은 우동집이라고 한 이유를 알 것 같았다. 튀김을 더 먹고 싶어 게소를 하나 더 샀다. 식사를 마치고 다른 테이블의 손님들을 슬쩍슬쩍 살펴봤다. 우동을 종류별로 두 그릇씩 즐기고 있었다. 멀리서 온 손님들 같았다.

3박 4일 다카마쓰를 여행하면서 우동을 다섯 끼 먹었다. 나카무라, 우에하라야 본점, 사누키면업 본점, 후게츠, 메리켄야 다카마쓰역 앞점. 이 중 나카무라 다음으로 미뢰를 감동시킨 우동집은 우에하라야上原屋 본점이었다. 다카마쓰 여행의 제일 명소인 리츠린고엔栗林公園과 도로 하나를 사이에 두고 있다.

점심으로 우동을 먹고 리츠린고엔으로 가면 금상첨화다.

이 우동집의 매력은 손님이 조리 과정에 직접 참여한다는 점이다. 그릇에 삶은 면을 받아 손님이 5초~10초 동안 끓는 물에 면을 데쳤다 꺼낸다. 여기에 취향대로 파, 튀김가루, 시치미를 뿌려 먹으면 된다. 곁들여 먹는 튀김으로는 새우튀김, 전갱이튀김, 감자튀김, 곤약튀김 등 다양하다. 나는 손바닥만 한 전갱이튀김에 가케우동을 먹었다.

다섯 번의 우동집 탐방에서 바로 옆자리에서 나는 "후르르 후르르" 소리를 여러 번 들었다. 그때마다 중요한 사실을 체감했다. 일본인을 일본인이게 하는 음식이 우동이라는 사실을. 중국인이 하루 중 한 끼는 바오쯔包子를 먹는 것처럼. 한국인이 보글보글 끓는 된장찌개에서 안도감을 맛보는 것처럼, 일본인은 우동 한 그릇에서 행복을 느낀다. 사방에서 들리는 면치기 소리에서 오롯하게 전해졌다.

카가와현의 별칭은 우동현이다. 우동 맛집만을 순례하는 우동 택시가 있고, 우동 만들기를 체험할 수 있는 우동학교도 있다. 다카마쓰공항 국제선 출국장에는 특이한 소파가 여러 개 보인다. 운동 면발 모양의 소파다. 앉아보면 푹신하다. 그뿐인가. 출국장 검색대 앞에 줄을 서면서 탑승객들은 '공항 국물空港だし'이라는 푯말을 본다. 종이컵으로 우동 국물을 맛볼 수 있게 설치했다. 물 대신 우동 국물을 먹는다.

상상력은 끝이 없다.

Episode 06

까닭없이 따뜻해지는 마음

튀김 소보로

언제부턴가 대전, 하면 성심당이다. 과학기술의 메카 대덕연구단지의 이미지가 뒷전으로 밀린 느낌마저 든다. 대전을 방문한 외지인들은 대전역에서 KTX를 타기 전 으레 성심당 앞에서 긴 줄을 서는 게 관행처럼 자리 잡았다. 그래서 서울역에 내려보면 성심당 종이가방이 바삐 움직이는 것을 보게 된다. 요즘은 지하철에서도 보인다.

2023년 3월 서울 고척돔에서 MLB 월드투어 서울시리즈 LA 다저스와 샌디에이고 파드리스 경기가 열렸다. 경기 시작 전 한화 이글스 류현진 투수가 다저스 덕아웃에 찾아가 데이브 로버츠 감독에게 인사를 했다. 류현진이 다저스에서 7시즌을 뛸 때 감독이 데이브 로버츠였다. 류현진의 깜짝 방문에서 화제가 된 것이 성심당 빵이었다. 류현진은 성심당 빵을 한가득 종이가방에 들고 덕아웃을 찾았고, 로버츠 감독이 빵을 맛있게 먹는 장면이 카메라에 잡혔다. 그날 LA다저스 코치진과 일부 선수들은 뜻하지 않게 성심당 빵을 먹어보았다.

성심당이 2023년 매출 1243억 원을 올려 동네빵집 최초로 1000억 원을 돌파했다는 이야기가 화제가 되었다. 영업이익에서는 315억 원을 기록해 파리바게뜨(199억 원), 뚜레쥬르(214억 원)을 크게 앞질렀다. 성심당의 성공 스토리를 접할 때마다 생각한다. 지성至誠이면 감천感天.

성심당 창업자 임길순1912~1997은 함경남도 함주가 고향이다. 1950년 12월 말, 흥남부두에는 눈보라가 거세게 휘몰아치고 있었다. 유엔(UN)군은 개마고원 장진호까지 진격했다가 매복한 중공군의 기습을 받고 후퇴한다. 북한 주민들이 후퇴하는 유엔군을 무작정 따라나섰다. 흥남부두는 피난민과 유엔군이 뒤엉키며 아비규환으로 변했다. 일가는 흥남부두에서 간신히 미군 수송선 메러디스 빅토리호를 얻어 탔다. 임길순 일가는 거제도 수용소에 잠시 머물다 진해로 갔다. 전쟁이 끝난 지 2년여가 지났을 때 진해에서 머물던 임길순은 상경을 결심한다. 서울로 가야만 먹고 살 길이 보일 것 같았다.

1956년 임길순 일가는 서울행 통일호를 탔다. 완행 통일호를 타고 올라가던 도중 열차가 고장이 났다. 그때 통일호가 멈춰 선 곳이 대전이었다. 언제 열차가 다시 운행될지 모르는 상황. 임길순은 고민하다가 처자식을 데리고 내렸다. 대전에는 아무런 연고가 없었다. 눈에 보이는 성당을 무조건 찾아갔다. 대흥동 성당이 먹고살 길이 막막한 임길순·한순덕 부부에게 손을 내밀었다. 대흥동 성당 신부는 미군 구호물자로 받은 밀가루 두 포대를 부부에게 건넸다. 부부는 가족의 끼니를 해결하고 남은 밀가루로 찐빵을 만들어 대전역 앞에서 장사를 시작했다. 나무 판때기에 '성스러운 마음'이란 뜻의 한자 성심聖心을 새겼다.

임길순·한순덕 부부는 성심당을 창업한 직후부터 하루에 만든 빵 중 100개는 이웃에게 나눠줬다. 하루하루 끼니를 걱정하던 6·25전쟁의 폐허에서 이게 어디 쉬운 일인가. 임길순은 목숨을 걸고 북한을 탈출할 때 이렇게 다짐했다고 한다.

이번에 살아남으면 남은 인생은 남에게 베풀기 위해 살겠다.

그날 만든 빵 중에서 팔리지 않은 빵을 이웃에게 나눠주는 전통은 이때부터 시작되었다. 벌써 70년이 다 되었다. 2023년 성심당이 대전 지역사회에 베푼 나눔 빵은 금액으로 10억 원어치가 넘는다고 한다. 현재 사장은 가업을 물려받은 아들 임영진 대표. 임 대표 책상 위에는 이렇게 적힌 명패가 놓여 있다.

모든 이가 다 좋게 여기는 일을 하도록 하십시오.

이 명패는 창업자 임길순의 인생 좌우명이다. 창업자의 철학은 70년이 흐른 지금까지 여전히 울림이 크다. 요즘은 아예 성심당 빵을 사러 대전을 찾는 사람들까지 생겼다. 외지인들이 일부러 성심당을 찾는 것은 빵 맛에 배어있는 창업주의 정신을 기억하기 때문이다.

성심당 스토리를 접할 때마다 자꾸만 어른거리는 사람이 있다. 흥남 철수 작전 완료 후 중공군의 대공세에 밀려 38선 전역에서 피난 행렬이 시작되었다. 공산 체제를 경험한 북한 주민들이 남부여대男負女戴 목숨을 걸고 자유를 찾아 피난민 대열에 합류했다. 코리안 디아스포라diaspora로 불리는 1·4후퇴다.

강원도 금성에서 미술 교사로 일하던 화가 박수근朴壽根, 1914~1965도 월남을 결심했다. 5년의 공산치하를 경험한 박수근은 화가로 살려면 자유가 있어야 한다는 것을 뼈저리게 체험했다. 어떻게 남한으로 내려가나. 아내와 어린 자식들을 데리고 피난 길에 나섰다가는 자칫 위험에 처할지도 모를 일. 부인 김복순과의 사이에 3남매를 둔 그는 일단 단신으로 먼저 서울로 내려가기로 한다. 홀몸으로 먼저 내려가 자리를 잡은 뒤에 가족과 재상봉하기로 했다.

박수근이 피난민을 따라 정처 없이 내려가 머문 곳이 군산이었다. 군산항에서 부두 노동자로 지내다 몇 개월 뒤 서울로 올라온다. 1952년, 그는 창신동에서 처자식과 기적적으로 만난다. 박수근 일가는 빈집이 많은 창신동에서 서울 생활을 시작한다. 전쟁통에 처자식을 먹여 살려야 했던 화가. 그는 조선미전 입상 경력으로 간신히 미군 초상화를 그리는 일자리를 잡는다. 미8군 PX가 임시로 들어왔던 곳이 현재의 신세계백화점 본점. 박수근은 매일 미8군 PX에 출근해 미군 초상화를 그려주고 5달러씩을 받았다. 그 돈을 알뜰살뜰 모아 창신동에 방 두 칸짜리 한옥을 산다.

집을 장만한 다음 그는 전업 화가의 길로 들어섰다. 강원도 양구의 소학교 졸업장이 전부인 박수근. 비슷한 시기에 태어났지만 집안이 부유해 일본 미술 유학을 다녀온 이들과는 모든 게 대조적이었다. 일본 유학파도 아니고 무슨 동인^{同人}이나 OO파에 속한 일도 없는 무소속 화가. 일본 유학파들 대부분은 귀국 후 고등학교나 대학교에 적을 둔 채 그림을 그렸다. 박수근은 오로지 그림을 팔아서 생계를 꾸려야 했다. 그에겐 국전 입선 경력이 유일하게 기댈 언덕이었다. 1인당 국민소득 100달러를 밑돌던 시대에 어떤 사람이 그림에 관심을 갖고 사겠는가. 그림이 팔리면 쌀독이 차고 그림이 안 팔리면 식구가 굶었다.

이런 상황에서 그의 그림을 알아본 일단의 사람들이 있었다. 미국인이었다. 미8군 장교와 군속, 무역상사 서울지사 직원들. 〈빨래터〉[1954]를 비롯한 그의 대표작들이 미국 경매에 나온 배경이다. 그들 중에 미8군 군속 남편을 따라 서울에 온 마가렛 밀러$^{Margaret\ Miller}$가 있었다. 박수근의 진실함을 알아본 마가렛 밀러는 1959년 미국 LA로 돌아간 뒤에도 물심으로 그를 도왔다. 개인전 한번 열지 못한 박수근에게 LA 개인전을 추진하기도 했다. 마가렛은 1965년 2월 《코리안 저널》에 이런 글을 썼다.

> 박수근은 맹목적으로 서구를 따르지 않고 전통적인 문화유산과 기법을 연구하여 진정한 감각을 포착한 화가다.

마가렛 밀러를 포함한 미국인들은 창신동의 '마루 아틀리에'에서 탄생한 작품의 진가를 정확히 알아보았다.

박수근 작품에는 1950~1960년대 한국인의 삶이 담겨있다. 제목은 다르지만, 우리가 가난했던 시절의 일상을 있는 그대로 포착했다. 박수근은 이렇게 말했다.

나는 인간의 선함과 진실함을 그려야 한다는, 예술에 대한 대단히 평범한 견해를 가지고 있다. 따라서 내가 그리는 인간상은 단순하고 다채롭지 않다. 나는 그들의 가정에 있는 평범한 할아버지나 할머니를 그리고 물론 어린아이들의 이미지를 가장 즐겨 그린다.

그의 작가 메모에는 이런 글도 적혀 있었다.

나더러 똑같은 소재만 그린다고 평하는 사람이 있지만 우리의 생활이 그런데 왜 그걸 모두 외면하려는가.

박수근의 그림을 대하면 까닭 없이 마음이 따뜻해진다.
박수근 부부와 임길순 부부는 6·25 때 목숨을 걸고 자유를 택한, 독실한 기독교인이었다. 인간의 진실함을 그려야 한다는 예술관을 지켜온 박수근과 맛있는 빵으로 이웃에게 베푸는 인생을 살아온 임길순.
모두가 가난했던 시절 두 사람은 인간의 선함을 믿었고, 선의善意를 묵묵히 실천해 왔다. 성심당의 튀김소보로를 먹을 때마다 괜시리 좋은 일을 한 것 같다.

Episode 07

목숨과 바꿔도 좋을, 금지된 욕망

미나리 복어국

복어회를 사시미의 왕이라고 상찬^{賞讚}하는 사람들이 있다. 복어회는 고급 복전문집에서만 판다. 접시의 도자 문양이 은은하게 비치는 얇은 복어회가 해바라기처럼 동심원을 그린다. 플레이팅이 예술이다. 접시에 대양의 파도가 물결치는 것 같다.

한 점을 젓가락으로 조심스럽게 집어 올린다. 그리고 살짝 간장에 찍는다. 복어회를 입에 넣고 아주 천천히, 슬로모션으로 음미한다. 너무 급히 삼키듯 먹으면 복회맛을 느끼지 못할 수도 있으니까. 그럼에도 나는 여전히 복어회 맛을 모르겠다.

복엇국과 복불고기는 변함없는 식도락의 즐거움이다. 탱글탱글하고 쫄깃한 식감은 복엇국과 복불고기만이 주는 매력이다. 또한 미나리와 복어

살에서 우러나온 담백하고 깔끔하고 시원한 국물 맛을 그 무엇에 비교하랴.

부산과 시모노세키를 오가는 부관(釜関) 훼리. 늦은 밤에 부산항을 출항해 새벽에 시모노세키에 도착하는 여정은 결코 만만치 않다. "웅~"하는 엔진 기계음이 수면을 방해해서다. 등만 대면 잠에 떨어지는 사람은 문제가 없겠지만 자리가 바뀌면 잠을 못 자는 예민한 사람에게는 대한해협을 건너는 9시간이 여간 고역이 아니다.

시모노세키(下関)는 한반도와 가장 가까운 일본의 항구다. 섬나라 일본 입장에서 보면 시모노세키는 대륙 진출의 전진기지다. 시모노세키항을 지도로 익힌 다음 실제로 현장에 가보면 천혜의 항구라는 생각이 절로 든다. 혼슈섬과 규슈섬 사이의 좁은 물길이 간몬(関門)해협이다. 시모노세키항은 해협을 통과해 움푹 들어간 곳에 자리 잡았다.

시모노세키는 한·중·일 동아시아 근대사에서 역사적 장소로 등장한다. 시모노세키 국제 여객선 터미널 근처의 복어요리 전문점 슌판로(春帆樓)가 그곳이다.

1895년 4월 17일, 청나라 이홍장(李鴻章, 1823~1901)과 일본 총리 이토 히로부미(伊藤博文, 1841~1909)가 청일강화조약(下関條約)을 맺은 곳이 슌판로다. 우리에게는 시모노세키 조약으로 더 익숙한 청일강화조약. 청일전쟁에서 힘한번 제대로 써보지 못한 채 무릎을 꿇은 청나라 패장(敗將) 이홍장은 시모노세키까지 와서 일본이 제시한 조약에 굴욕적으로 서명한다. 조선의 완전 독립과 요동 반도·타이완의 일본 할양이 핵심 골자다. 일본은 수백 년간 청의 속국屬國이었던 조선을 중국으로부터 완전히 떼어놓아야만 조선을 도모할 수 있다고 계산했던 것이다.

일본 군국주의가 절정이던 1938년 12월, 일본 최고 의사결정기구인 오상五相회의는 '유대인 대책 요강'을 채택한다. 히틀러의 탄압으로 설 자리를 잃은 유대인들을 끌어들여 일본의 지원세력으로 삼는다는 정책이다. 1933년 히틀러 집권 이후 유대인 엑소더스가 가속화되자 일본 군부는 드넓은 만주국에 유대인 집단 거주지를 조성해 갈 곳 없는 유대인을 수용하자는 아이디어를 생각해냈다. 이렇게만 된다면 자연스럽게 유대 자본을 유치할 수 있어 장기적으로 국익에 도움이 된다고 판단한 것이다.

'유대인 대책 요강'의 별칭이 바로 '후구河豚 계획'이다. 일본어로 복어는 후구河豚라고 쓰는데 '물에서 사는 돼지'라는 뜻이다. 복어는 포식자의 위협을 받으면 일시에 몸을 부풀려 공처럼 탱탱해진다. 그 모양새가 돼지를 닮았다고 해서 '물속의 돼지', 후구로 불렸다. 왜 후구 계획인가? 복어는 맛이 좋지만 내장의 독이 치명적이다. 유대인의 영향력을 활용하되 복어의 맹독처럼 부정적 영향 또한 경계해야 한다는 의미에서 후구계획으로 명명되었다.

임진왜란은 도요토미 히데요시豊臣秀吉, 1537~1598가 일으킨 전쟁이다. 조선 침략을 준비하던 히데요시는 1592년 시모노세키항에 병사 16만 명을 집결시켰다. 시모노세키 연안은 일본에서 복어가 가장 많이 잡히는 지역.

그런 시모노세키에 전국의 사무라이들이 몰려들면서 예상치 못한 일이 벌어졌다. 복어를 모르는 산골 출신 사무라이들이 값싸고 맛있는 복국을 먹고 급사하는 일이 속출했다. 출병을 앞둔 히데요시는 난감했다. 이 상황을 방치했다가는 자칫 조선 출병 자체에 영향을 줄 수도 있었다. 히데요시는 특단의 조치를 내린다.

복어금식령河豚食禁止令. 글을 모르는 병사들이 많다 보니 복어 그림을 그려 복어를 먹으면 벌을 받는다는 지시 사항이 적힌 안내판을 시모노세키 곳곳에 세워놓았다. 일종의 복어금식 픽토그램pictogram이다. 조선 침략을 앞두고 내려진 복어금식령은 장장 300년 이상 일본 전역에 영향을 미쳤다.

일본을 근대화시킨 메이지 유신은, 한편으로는 요리의 유신으로 불린다. 메이지 5년인 1872년 일본은 1200년간 금지되었던 육식을 허용하는 조치를 발표한다. 비로소 일본인은 고기 맛을 알게 되었다. 와규和牛에 탄복하는 MZ세대는 일본이 천년 이상 소고기를 먹지 못했다는 사실에 고개를 갸우뚱할 것이다.

불교에 빠진 덴무 천황은 675년 육식 금지령을 선포했다. 살생을 금하는 불교 계율에 따른 것이다. 여기에는 농업에 필수적인 소 개체 수를 유지하려는 목적도 개입되었다.

메이지 천황은 왜 칙서까지 바꿔 육식을 허용한다고 선포했을까. 1858년 미일우호통상조약美日修好通商條約 체결 후 유럽과 미국에 사절단을 파견한 일본. 메이지 정부는 일본인이 체격에서 서양인에게 크게 뒤처진다는 사실에 충격을 받았다. 어떻게 하면 신체적인 열세를 극복할 수 있을까.

서양인처럼 육식을 해야 한다고 판단했다. 그런데 1200년간 금지된, 그래서 요리하는 법과 먹는 법을 모르는 육식을 하루아침에 어떻게 하게 할까. 먹을 줄 모르는 고기를 먹게 하려다가 생긴 요리가 돈카츠豚かつ다. 돼지 돈豚에 커틀릿cutlet의 일본식 발음인 '카츠'를 결합해 돈카츠가 되었다.

음식에 대한 욕망처럼 강렬한 것도 없다. 금지된 것일수록 더 욕망하는 게 인간의 본능이다. '목숨과 바꿀만한 맛'이라는 복어국. 그 복어국 맛을 기억한 인간의 뇌는 복어국을 탐했다. 복어금식령에도 불구하고 복국을 먹다 죽는 사고가 빈번했다. 급기야 메이지 시대 사상가 요시다 쇼인吉田松蔭, 1830~1859은 복어 식용을 비판하는 글을 쓰기도 했다. 1882년 메이지 정부는 "복어를 먹으면 구류 또는 벌금형에 처한다"는 법령을 공포하기에 이르렀다.

그렇다면 300년 이상 금지된 어류였던 복어는 일본에서 어떻게 사면·복권이 되었을까. 일본의 초대 총리 이토 히로부미와 관련이 깊다. 1888년 히로부미가 시모노세키를 방문해 영빈관 슌판로에 투숙했다. 슌판로 주인이 총리에게 특식으로 복국 요리를 대접했다. 복국을 처음 맛본 히로부미는 현縣 지사에게 슌판로에서만 복어를 조리해 팔 수 있도록 지시한다. 이렇게 되어 슌판로는 일본의 공식 복요리집 1호가 되었고, 세계에서 가장 유명한 복요리 식당이 된다.

요즘은 언론에 거의 나오지 않는 사고 기사가 있다. 복국을 잘못 먹고 사망했다는 기사다. 1980년대까지만 해도 복국을 먹다가 죽는 사고가 심심찮게 일어났다. MZ세대는 연탄가스 사망 사고처럼 복국 사망 사고를 접한 일이 거의 없다. 복어는 특수관리 어종이다. 식당에서 복어 요리를 판매하려면 요리사가 자격증을 따야 한다. 내장의 맹독을 제거하는 기술을 습득해야만 식당에서 복어를 취급할 수 있다.

복어 요리는 중국에서도 먹는다. 당연히 중국에서도 사망 사고가 빈발했다. 중국 최고의 미식가로 알려진 송나라 시인 소동파. 삼겹살찜인 동파육은 그의 이름을 딴 요리다. 소동파는 복어 요리를 가리켜 "목숨과 바꿔도 좋을 만큼의 맛있는 음식"이라고 말했다.
미나리를 넣고 끓인 복어국은 정말 맛있다. 언제나 복어국을 먹고 나면 개운하다는 느낌이 든다. 희뿌연 한 머릿속이 말끔하게 개인 것 같다.

그렇다고 해서 소동파의 말처럼 목숨과 바꿀만한 맛인가. 과연 그런가. 잘못 먹었다가 죽을 수도 있는 복어의 치명적인 독성으로 인해, 위험한 음식이다 보니 복어에 대한 환상이 커졌던 게 아닐까.

다시 처음으로 돌아간다. 복어회를 찬미하는 사람들은 두세 번 먹어서는 복어회의 참맛을 알기 어렵다고 말한다. 여러번 먹어보고 그 맛을 알게 되면 "아~"하고 탄성하게 된다는 것이다. 그리고 '대학大學'에 나오는 한 구절을 예시로 든다.
'마음이 없으면心不在焉, 먹어도 그맛을 모르느니라食而不知其味'
문어숙회를 좋아한다. 한번 젓가락을 대면 멈추기가 힘들다.

Episode 08

바다의 영물 또는 빌런

문어 숙회

문어숙회가 안동 양반문화에서 비롯되었지만 나는 서울에서 처음 문어숙회 맛을 알게 되었다.

언젠가 마트에서 사 온 데친 문어의 원산지 표시에 그만 눈길이 꽂혔다. 아프리카 모리타니아! 그전까지 사 온 문어는 원산지 표시에 '국내산'이라고 되어 있었는데. 순간, TV 다큐멘터리에서 보았던 모리타니아의 문어잡이 이야기가 생각났다. 서아프리카의 모리타니아 Mauritania. 모로코와 세네갈 사이에 있는 나라. 1960년 프랑스 식민지에서 독립한 이슬람국가. 면적은 1백만 km². 국토 면적만을 놓고 보면 세계 28위로 대국에 속하지만 국토의 3분의 2 이상이 사하라 사막이며, 인구는 2023년 기준 4백2십만에 불과하다.

모리타니아는 자원과 수산물 수출로 먹고 사는 나라다. 지하자원은 철

광석 38%, 구리 5% 순이고, 수산물은 냉동생선 15%, 연체동물 8.6% 순이다. 연체동물 수출이 바로 문어다. 모리타니아 어부들이 배를 타고 바다로 나가 통발을 걷어 올리면 문어가 몇 마리씩 나온다. 문어는 끓는 물에 삶은 뒤 급속냉동되어 수출선에 실린다. 모리타니아산 문어는 맛이 좋기로 소문 나 대부분 한국과 일본에 수출된다.

모리타니아는 처음엔 포르투갈의 지배를 받다가, 다시 네덜란드를 거쳐 프랑스의 식민지가 됐다. 포르투갈·네덜란드·프랑스 사람들은 문어를 먹지만 모리타니아 사람들은 문어를 먹을 줄 몰랐다. 그러던 것이 문어잡이가 돈벌이가 된다는 것을 알게 되면서 모리타니아 사람들도 조금씩 문어를 먹기 시작했다고 한다.

문어를 먹지 않는 나라도 있지만 이를 종교나 인종 문제로 구분하기는 힘들다. 바다에 면한 지역에서는 대체로 문어를 먹는다고 보면 된다. 해산물 요리가 발달한 이탈리아·그리스 식당에서는 문어가 고급 요리로 대접받는다. 베를린 같은 독일의 내륙 도시에서도 문어 요리가 있다. 다만 베를린에서는 숙회로 먹지 않고 주로 구워서 먹는다. 아시아 국가 중에서 문어 요리가 가장 발달한 나라는 일본이다. 문어 사시미, 문어 숙회, 타코야끼가 대표적이다. 일본 대도시의 식품 코너에 가면 포장된 문어 사시미가 다양하다. 일본에서는 여름 문어를 최상으로 친다.

양식 코스로 식사를 할 때 보통 시푸드 전채前菜가 나온다. 최근 우연히 문어가 들어간 시푸드 애피타이저를 여러 번 맛볼 기회가 있었다. 보통

1~3cm 크기로 썰어져 다른 해산물과 함께 나온다. 소스를 끼얹고 나온 문어는 씹히는 맛이 일품이었다. 한번은 이탈리안 레스토랑에 초대받아 갔는데 초청자가 파스타를 먹기 전에 문어 애피타이저를 주문했다. 큼지막한 크기의 문어 7~8점이 접시에 나왔다. 그 문어를 접시에 옮겨 나이프로 썰어 음미했다. 애피타이저로 먹어본 문어 중 최고였다. 어떻게 문어를 삶았길래.

내가 삶은 문어 맛에 감동한 것은 제주도 추자도에서였다. 오래전 추자도에 근무하는 지인의 초대로 여름휴가를 추자도에서 보낸 일이 있다. 목포까지 열차로 내려가 목포에서 추자도행 여객선을 탔다. 그때 지인은 우리를 아주 작은 해변으로 데려갔다. 심심풀이로 바위틈에 통발 세 개를 놓는데, 가끔씩 문어가 잡힐 때도 있다고 했다. 세 개의 통발 중 하나에 제법 씨알이 굵은 돌문어가 들어있었다. 졸지에 포획되어 육지로 올라온 문어는 8개의 다리로 발버둥을 쳤고, 나는 그런 문어를 쳐다보며 입맛을 다셨다.

지인은 능숙한 솜씨로 커다란 냄비에 물을 끓였고, 30여 분 뒤 캠핑용 식탁 위에 문어숙회 상이 차려졌다. 직경이 5cm는 족히 넘어 보이는 문어 다리가 뭉툭하게 썰려 플라스틱 접시에 놓였다. 불과 30여 분 전까지만 해도 추자도 앞바다 속에서 헤엄치던 문어가 아니었던가. 파도 소리와 자갈 구르는 소리가 배경음악으로 깔리는 가운데 문어를 한 점 씹었다. 문어살이 씹히면서 혓바닥에 닿았다. 그때 미뢰들이 기겁을 했다. 이렇게 부드럽고 쫄깃하고 맛있을 수가 있단 말인가. 그때 깨달았다. 이때까지 먹어본 문어숙회는 문어숙회가 아니었구나.

서양 문화권에서 문어에 대한 인식은 복합적이다. 식도락의 대상이면서 동시에 불길한 경계의 대상이다. 문어는 종종 영화나 소설에서 악惡의 기운이 서려 있는 바다생물로 그려진다. 이런 인식이 잘 드러난 것이 1989년 월트 디즈니에서 나온 애니메이션 〈인어공주〉. 이 애니메이션에서 주인공 인어공주와 대립적인 위치에 있는 게 '바다 마녀' 우르슬라Ursula다. 이른바 메인 빌런Villain이다. 우르슬라는 은발, 짙은 화장, 뚱뚱한 몸집에 피부색은 푸른 빛이 돈다. 이 우르슬라의 하반신이 문어다. 우르슬라는 바다의 지배자인 트라이튼을 증오하며 그를 몰락시키려 온갖 음모를 획책劃策한다.

문어에 대한 가장 오래된 기록은 기원전 크레타 문명에 등장한다. 토기 전체에 문어가 그려져 혐오스럽기까지 하다. 그리스신화에 나오는 공포의 괴물 고르곤Gorgon이 문어다. 노르웨이 해안에 서식하며 어선을 공격했다고 전해지는 괴물 크라켄Kraken도 문어다.

프랑스 연체동물학자 피에르 데니스 드 몽포르Pierre Denys de Montfort, 1766~1820는 〈거대 문어Calmar géant, 1810〉 그림으로 유명하다. 배를 공격하는 〈거대 문어〉 그림은 유럽인에게 강력한 인상을 남겼다. 이 그림이 문어에 대한 부정적 인식을 심화시켰다.

빅토르 위고가 영국령 건지 섬에 망명중일 때 쓴 소설 《바다의 일꾼》

에도 어부들이 문어와 싸우는 장면이 묘사된다. 물론 상상력으로 쓴 것이다.

유럽 세계는 대항해시대를 거치며 신화와 전설이 뒤섞여 문어를 인간을 위협하는 괴물로 여겨왔다. 〈인어공주〉의 우르슬라는 이렇듯 서구 문화의 오래된 서사에 뿌리를 두고 있다.

현대에 들어서 문어는 바다생물 중 영물靈物로 취급받기도 한다. 지능이 개와 고양이 같은 수준이라고 한다. 월드컵이 열릴 때마다 문어 점쟁이가 등장하는 것을 우리는 기억한다. 2022년 카타르 월드컵 당시에도 일본의 점쟁이 문어 '라비오'가 화제가 되었다. 일본이 16강에는 진출하지만 8강 진출에는 실패할 것이라고 예측했다. 문어 '라비오'는 2018년 러시아월드컵 당시 적중률 100%를 보이기도 했다. 2010 남아공월드컵 당시 100% 적중률을 보여준 문어 '파울'도 있었다. 파울은 독일대표팀의 6경기 결과를 정확히 맞춰 도박사들은 물론 해양생물학자와 동물학자들의 관심을 끌었다.

문어 이야기를 한번 써야겠다고 하던 참에 단숨에 본 다큐멘터리 영화가 〈나의 문어 선생님My Octopus teacher, 2020〉이다. 해양생물학자가 암컷 문어와 교감을 나누는 이야기인데, 이 다큐멘터리를 보고 나서 문어에 대한 인식이 달라졌다.

문어숙회를 즐기는 사람은 보지 않는 게 좋겠다.

mandoo(만두). 딸의 휴대폰에 저장된 내 이름이다. 딸이 이런 별명을

Episode 09

오감이 총동원되는 퍼포먼스
찐만두

붙여준 것은 8년쯤 된다. 아침마다 출근하던 시절, 퇴근길에 가끔 집에 사 들고 가던 게 찐만두였다.

아파트 단지로 향하는 길모퉁이에 찐만두 가게가 있었다. 지하철에서 내려 집으로 걸어갈 때 만둣집이 나타나면, 나는 방앗간을 그냥 지나치지 못하는 참새들처럼 어쩔 줄 몰라 했다. 만두 말고 다른 것 좀 사 올 수 없느냐고 딸이 불평을 했지만. 다른 것을 사간 적이 별로 없다.

가족 단톡방에서 딸은 가끔씩 나를 '만두'라고 부른다. 그때마다 그 별칭이 그렇게 살갑게 다가올 수가 없다. 만두라고 불릴 때마다 내 눈앞에 희뿌연한 만둣가게의 김이 피어오른다.

낯선 곳에 갔을 때 김이 모락모락 나는 만둣집을 발견하면 갈등을 겪는다. 먹어보고 싶은 충동을 주체하지 못한다. 실제로 여러 번 처음 보는 만둣집에 들어가 만두를 먹어 보기도 했다. 만두에 대한 나의 기준은, 누구나 그렇겠지만, 어머니가 해준 만두 맛이다. 충남 홍성 사람인 어머니표 만두는, 굳이 분류하자면 평양식에 가까웠다. 여태 만둣집을 찾아다니는 것은 어머니 손맛을 맛보고 싶어서다.

어린 시절 행복했던 기억 중 하나는 어머니 옆에 앉아 만두를 빚을 때였다. 만두를 빚어 커다란 쟁반에 해바라기 동심원을 만들어가는 재미란. 어머니가 한눈을 파는 틈을 타 만두소를 숟갈로 퍼먹는 즐거움도 빼놓을 수 없다. 열아홉에 고향을 떠나 서울 생활을 시작한 나는 고향에 내려갈 때마다 으레 만두를 고대했다. 어머니는 그때마다 막내아들이 좋아하는 만두를 빚으셨다. 나는 만둣국을 두 그릇은 기본으로 비웠고, 소반에 올려놓은 찐만두 대여섯 개는 가볍게 해치웠다.

내 입맛에 최고의 만두소는 두부, 김치, 부추, 숙주, 당면, 돼지고기 등을 잘게 다져 버무린 것이다. 돼지고기는 손톱 크기로 잘라 다른 야채들과 버무린다. 찐만두 속에 윤기가 자르르 흐르는 당면 가닥 두세 개가 보이면 완벽하다.

만두는 중국 남만인南蠻人의 음식이라는 게 가장 오래된 이야기다. 남만을 정벌하고 돌아오던 제갈량이 풍랑을 만나 오도 가도 못하는 처지에 놓였다. 그때 사람 머리 49개로 제사를 지내면 수신水神이 노여움을 푼다는 말에 제갈량이 밀가루로 사람의 머리 모양을 만들어 제사를 지내 풍랑을 가라앉혔다. 여기서 만인의 머리 모양이라는 뜻의 만토우蠻頭가 유래되었다. 그러나 만토우는 소를 넣지 않아 실제로는 찐빵에 가깝다.

중국은 만두를 거의 주식처럼 먹는 나라다. 만둣집이 도처에 흔하다. 중국에서는 소를 넣고 쪄낸 것을 빠오즈包子라고 부른다. 천진 빠오즈가 국내에 들어와 있는 중국 만두 브랜드다. 젓가락으로 구멍을 뚫어 뜨거운 육즙을 먼저 즐기는 샤오롱바오小龍包도 빠오즈의 일종이다. 대만, 홍콩, 마카오에서 즐겨 먹는 딤섬도 만두다.

만두는 밀이 생산되는 모든 문명권에서 발달한 음식이라고 봐도 틀리지 않다. 파스타 중 라비올라Laviola도 일종의 만두라고 할 수 있겠다. 크기만 작을 뿐 야채를 다져 넣고 익힌다는 점에서 그렇다. 인도와 미얀마의 길거리에서 파는 사모사 역시 만두다. 삼각형 모양의 사모사는 기름에 튀겨내는 군만두다. 인도와 미얀마에서는 사모사를 접시에 담아 손으로 먹는다.

내가 찐만두를 좋아하는 또 다른 이유는, 만두를 손으로 집어 먹을 수 있어서다. 손끝과 따뜻한 만두피가 맞닿는 느낌을 좋아한다. 만두의 온기가 손끝에 전해지는 순간, 따뜻한 행복이 밀려든다. 그 아날로그적 접촉이 나를 황홀경에 빠지게 한다. 참으로 이상하지. 찐만두를 먹을 때 젓가락을 사용하면 그 맛이 나지 않는다. 금속이든 나무든 젓가락을 이용해 만두를 먹으면 어머니 손맛이 느껴지지 않는다.

음식을 먹는 행위는 오감각이 총동원되는 퍼포먼스다. '맛있게 잘 먹었다'는 말이 나오려면 오감각이 적절한 균형을 이뤄야 한다. 먼저 보기가 좋아야 하고, 냄새가 침샘을 자극해야 하고, 보글보글 끓거나 지지직 익는 소리가 청각을 즐겁게 하고, 미뢰가 맛을 느껴야 한다. 마지막 감각이 촉각이다.

이른바 문명사회에서는 음식을 먹을 때 숟가락, 젓가락, 포크, 나이프 등과 같은 식사 도구를 사용한다. 우리가 아무렇지도 않게 사용하는 이 도구들은 인간과 음식의 직접적인 접촉을 가로막는다. 집이나 식당에서 도구를 사용하면서도 어느 때는 음식을 맨손으로 먹어야 맛이 있다는 걸 안다.

치킨을 먹을 때 나이프와 포크로 먹는다고 생각해 보라. 또 갈비집에서도 마찬가지다. 소갈비든 돼지갈비든 손으로 들고 뜯어먹을 때 갈비 맛을 느낀다. 제대로 먹은 것 같다. 누가 시키지 않아도 우리는 갈비나 치킨을 먹을 때 손으로 먹는다. 초가을 대하 철, 주황색으로 변한 구운 새우를 먹을 때도 우리는 양손을 사용한다. 그리고 손가락에 묻은 간간함을 쪽쪽 빨아먹어야 식도락이 완성된다.

제국주의 전성시대, 서양인은 한때 아마존 원시 부족을 가리켜 '미개하다'고 폄훼한 적이 있다. 프랑스의 인류학자 클로드 레비스트로스[Claude Levi Strauss, 1908~2009]는 저서 《슬픈 열대》에서 "문화에는 차이는 있을 뿐

우열優劣은 없다"고 썼다. 레비스트로스가 연구 대상으로 삼은 것은 남아메리카 아마존강 유역에 사는 원시 부족. 이들은 지금도 여전히 손으로 음식을 먹는다. 레비스트로스 이후 이제는 누구도 이런 식습관을 미개하다거나 야만이라고 말하지 않는다.

사우디아라비아, 시리아, 요르단에는 사막을 떠도는 유목민이 있다. 베두인족이다. 정부는 이들을 정착시키려 갖은 방법을 다 써보았지만 허사였다. 주택을 무상으로 제공해도 이들은 잠깐 살아보고는 다시 사막으로 나간다. 베두인족은 한 여름밤 사막에서 텐트를 친 다음 양고기를 구워 먹는다. 잘 익은 양고기를 칼로 저며 접시에 내놓으면 손님과 주인은 손으로 양고기를 집어 먹는다. 별이 쏟아지는 사막에서 손으로 뜯어먹는 양고기 맛이 어떨까.

음식은 손맛이다. 이 말을 부정하는 사람은 아무도 없다. 그 손맛을 느끼려면 손으로 먹는 게 정석定石이다. 손맛은 손끝에서 나오는 맛이고, 그 손맛을 음미하려면 손으로 먹어야 한다.

미국의 양대 피자 도시는 뉴욕과 시카고다. 뉴욕 피자를 뉴욕 슬라이스, 시카고 피자를 딥디쉬 deep dish라고 각각 부른다. 한때 뉴욕 피자와 시카고 피자가 대결을 벌인 적이 있다. 하지만 승부는 뉴욕 슬라이스 slice의 한판승으로 싱겁게 끝났다. 왜? 뉴욕 피자는 폴더 피자다. 손으로 접어서 먹는 피자가 포크와 칼을 사용하는 시카고 피자를 누른 것이다.
왜 포크와 나이프를 사용하는 서양 식문화에서도 따로 '핑거 푸드'라는 음식을 내놓는가. 왜 서울 포시즌호텔의 퓨전일식당 아키라백에서는 최고급 코스 요리를 구성하면서 핑거 푸드를 넣었을까.

그게 원초적인 맛이기 때문이다. 인류의 조상이 아프리카 초원에서 수렵 생활을 하던 시절 사냥한 짐승을 불에 구워 손에 들고 뜯어먹었다. 우리가 손으로 음식을 먹던 기간이 도구를 사용해 먹은 기간과는 비교할 수 없을 정도로 장구하다.

내가 만두를 손으로 먹길 좋아하는 것은 다만 수렵시대의 유전자에 따르는 것뿐이다.

MENU 2

화려한 인생 한 스푼

강렬한 개성의 다채로운 맛

味
맛: 미

사람은 왜 바삭거림에 끌릴까
오묘한 감동
먹거리로 보는 세계사
황금빛 맛, 너도 좋아하게 될 거야
신뢰할 수 없는 약속
도도한 고양이에게 말 걸기
원시와 문명의 하모니
뉴요커를 뉴요커답게 만드는 메뉴
우리는 왜 불맛을 그리워하나
최상의 우아함

Episode 10

사람은 왜 바삭거림에 끌릴까
겉바속촉 새우튀김

'겉바속촉' 겉은 바삭하고 속은 촉촉하게! 대형마트에서 산 새우튀김을 에어프라이어에 돌려 하나씩 먹으면서 감탄을 했다.

"바사삭~ 바사삭~"

이 소리에 승부는 싱겁게 끝났다. 소리가 맛있으면 그다음은 볼 것도 없다. 프라이드치킨을 먹을 때도 마찬가지다. 전지현이 먹는 치킨은 왜 그렇게 바삭거리는 소리가 클까. 바삭거리거나 아삭거리는 소리는 청각 신경계를 활성화한다.

튀김을 싫어하는 사람은 거의 없다. 튀김의 생명은 겉면을 얼마나 바삭하게 튀기느냐로 좌우된다. 여기서 근원적인 질문을 해보자. 왜 우리는 씹을 때 입천장을 울리는 바삭거리는 소리를 갈망하는가. 왜 우리의 침샘은 그 ASMR 앞에 속절없이 침을 분비하는가.

이 물음표에 명쾌한 해답을 내린 사람이 있다. 인류학자 마빈 해리스 Marvin Harris, 1926~2001다. 《음식문화의 수수께끼》를 보면 인간은 각각이 처한 생태학적 조건에 적응하면서 동물성 단백질을 섭취하려 나름의 합리적인 음식문화를 만들어왔다고 한다. 하지만 특정 조건에서 형성된 합리적인 관습은 다른 문화권의 사람들에게는 괴기하게 보일 수도 있다.

마빈 해리스에 따르면 바삭거리는 식감의 선호는 수렵·채집 문화와 관련이 있다. 인간은 동물성 단백질을 섭취하는 일환으로 오랜 세월 메뚜기를 비롯한 곤충을 잡아먹었다. 메뚜기를 튀겨 먹거나 구워 먹어본 사람은 안다. 입안에서 바사삭 부서지는 식감이 기분을 좋게 한다. 고소한 몸통은 말할 필요도 없다. 바삭거리는 메뚜기 식용 관습이 오랜 세월 두뇌에 축적되었고, 이것이 식문화 DNA로 자리 잡아 21세기 인간에게까지 전달되었다는 것이 마빈 해리스 이론의 골자다.

식품회사들은 마빈 해리스의 주장을 무슬림의 코란처럼 숭배한다. 감자칩을 위시한 모든 스낵류는 바삭거림을 기본으로 한다. 소비자들은 스낵류가 비만의 주범임을 알면서도 바삭거림에 취해 그 사실을 망각한다. 햄버거 가게에서 파는 프렌치프라이를 보자. 감자튀김이 숨죽은 채소처럼 축 처져 있으면 인상이 찌푸려진다. 어디 튀김과 스낵뿐인가. 베이징덕의 바삭한 오리껍질 맛은 어떤가.

칠갑산이 있는 충남 청양에서 자란 나는 소년기의 대부분을 냇가와 논두렁에서 보냈다. 학교가 파하면 가방을 내팽개치고 냇가로 나가 어둑어둑해질 때까지 물고기를 잡았다. '사투' 끝에 맨손으로 혼자 메기도 잡아보았다. 어렸을 때 가을철 논에 나가면 메뚜기 천지였다. 유리병에 한가득 메뚜기를 잡아 논두렁에서 볏짚에 불을 피워 동무들과 구워 먹곤 했다. 그 바삭거림과 고소한 맛을 아직도 나의 뇌가 기억한다.

춥지도 덥지도 않은 따뜻한 봄날 기온은 대략 섭씨 25도다. 이런 날씨에는 누구나 집 밖으로 뛰쳐나가고 싶어진다. 걷기만 해도 괜스레 기분이 좋아진다. 카페에서도 에어컨 온도가 섭씨 25도에 맞춰질 때 이용자들의 불만이 줄어든다. 왜 우리는 섭씨 25도에서 쾌적하다고 느끼는가.

섭씨 25도는 인류의 조상이 살던 아프리카 케냐 중서부 지역의 평균 기온이다. 호모 사피엔스Homo Sapience가 살던 곳이다. 아프리카 초원지대를 떠나 제각각 흩어진 지 까마득한 시간이 흘렀건만 인간의 생리적 반응은 전혀 변하지 않았다는 것이 인류학자들의 결론이다. 선조시대 기후를 되살리려는 인간의 본능적 시도가 섭씨 25도에 쾌적하게 반응한다는 것이다. 온열중성대溫熱中性帶라는 용어가 있다. 사람이 편안하게 느끼는 주위 온도 조건 범위를 뜻한다. 섭씨 25도가 온열중성대의 최적 온도다.

녹색을 신神의 색이라고 한다. 왜 우리는 숲을 보면 눈이 편안해지나. 왜 우리는 주말마다 강원도를 향해 차를 모는가. 왜 산속 펜션에서 바베큐를 해 먹으면 더 맛있고, 참외 한쪽도 더 달콤하게 느껴질까. 숲을 한 번도 경험하지 못한 어린이도 숲속에 들어가면 들뜬다. 칼 융은 이를 '집단 무의식'으로 설명한다.

왜 우리는 숲을 눈에 담아두려 안달인가. 고대 생물학자들에 따르면 인류가 숲속에서 산 기간은 인류 탄생 이래 99%에 해당한다. 이게 무슨 말인가.

고생물학자들은 영장류와 인류 최초의 조상이 갈라져 나온 시기를 700만 년 전으로 본다. 숲속에서 수렵과 채집 생활을 하던 인류 최초의 조상이 숲에서 나와 공동체를 이루며 집단생활을 하기 시작한 것은 1만 년에서 5000년이다. 인류가 숲에서 나와 농경 생활을 하며 마을공동체를 이룬 기간은 최대한 길게 잡아야 1만 년이다. 그러니까 현생 인류가 탄생한 이래 인간은 99%의 시간을 숲속에서 살았다는 이야기가 된다. 우리가 본능적으로 숲을 그리워하는 것은 인간의 DNA에 숲속 생활의 유전자가 남아 있기 때문이라는 것이다. 융의 '집단 무의식' 개념의 배경이다.

영국의 고고학자이자 숲 전문가인 맥스 애덤스^{Max Adams, 1961~}의 《나무의 모험(웅진)》 부제는 '인간과 나무가 걸어온 지적이고 아름다운 여정'이다. 애덤스는 이 책에서 '인간은 나무의 자식'이라고 말한다.

> 인간은 나무를 관찰하고 연구하면서 나무에 대해 알고, 나무라는 재료를 다룰 줄 알게 되면서 인류가 생존을 위해 갖춰야 할 거의 최초의 지식을 얻었다.

《나무의 모험》을 넘기다 보면 여러 곳에서 번득이는 통찰이 짜릿한 지적 쾌감을 선사한다. 장작불에 관한 서술에서는 경탄이 절로 나온다. 이른바 불멍의 근원에 대한 설명이다.

장작불을 바라보는 일은 단순한 쾌감을 자아낸다. 마치 조상에게 대대로 물려받아 의식 깊은 곳에 자리 잡은 모종의 정서를 자극하는 듯하다. 크고 어두운 숲에 대한 두려움과도 극적으로 대비되는 감정이다. 유혹이면서도 위험한 그 모습은 맹수와도 같아서 우리를 끌어당기면서도 함부로 범접할 수 없게 만든다. 불은 집단의 일부라는 소속감을 일깨우는 동시에, 완벽하게 혼자가 된 기분을 선사하며 영혼 깊은 곳으로 침잠해 사색하게 만든다.

프랑스 식물학자인 자크 타상 Jacques Tassin, 1960~ 역시 나무와 인간의 관계를 오랜 세월 천착했다. 타상은 《나무처럼 생각하기》에서 말한다.

인간이 나무와 멀어지면서 괴로움을 겪게 되었고, 나무와 가까운 삶으로 돌아갈 때 인간의 삶은 다시 행복해질 수 있다.

창문으로 나무가 보이는 병실에 있는 환자들이 더 빨리 회복하고 진통제 또한 적게 복용한다고 한다. 인간은 나무와 가깝게 지내서 나쁠 게 하나도 없다. 바라보기만 해도 마음이 편안해지고, 쓰다듬으면 믿음직한 게 나무다. 나무는 언제나 아낌없이 주기만 한다.

Episode 11
오묘한 감동
바게트 트라디시옹

나는 30대 초반까지 콜라를 마실 줄 몰랐다. 입안을 쏴 하게 만드는 탄산에 적응하지 못해서였다(콜라를 처음 먹어보는 어린이들은 콜라가 맵다고 한다). 내가 콜라 맛을 처음 느낀 것은 캐나다 토론토에 파견 나가 있을 때였다. 아파트 앞의 피자가게에 가서 피자와 곁들여 콜라를 시켜 먹었는데, 콜라가 그렇게 맛있을 수가 없었다.

아, 이 맛에 콜라를 마시는구나.

내가 콜라 맛을 몰랐던 것은 순전히 환경 탓이다. 내 고향 청양은 충남의 알프스라 불리는, 칠갑산이 있는 산골이다. 어린 시절 나는 콜라를 먹어보지 못했다. 중학교 때 소풍 간 흑백 사진을 보면 교복을 입은 채 미린다Mirinda 병을 들고 있는 게 보인다. 청양에서는 탄산음료를 미린다와 환타만 팔았다. 나는 콜라 특유의 삽상한 맛을 기억하지 못한 채 소년기를 보냈고, 그게 청년기까지 연장되었다.

콜라처럼 오랜 세월 그 맛을 알지 못한 게 바게트다. 읍내의 빵집에는 단팥빵과 소보로빵밖에 없었다. 학교에서 소풍을 갈 때 가방에 단팥빵 두 개, 미린다 한 병, 삶은 달걀 몇 개를 넣으면 그걸로 끝이었다. 열아홉 살 때까지 빵 안에 팥소가 들어간 빵이 전부인 줄 알았다. 농촌에서 대처로 유학을 올 때까지 그랬다.

서울에서 대학을 다니고 광화문 한복판의 회사에서 직장 생활을 하면서도 나는 줄곧 단팥빵만을 먹었다. 물론 가끔 레스토랑에서 식전 빵으로 나오는 바게트를 먹긴 했지만. 여전히 빵 속에 아무것도 들어가지 않은 밍밍한 빵을 즐기는 사람들을 이해하지 못했다. 저 맛없는 빵을 왜 저렇게 좋아하지.

내가 바게트에 대해 본격적인 호기심을 갖게 된 것은 한 장의 사진 때문이다. 전설적인 사진기자 로버트 카파^{Robert Capa, 1913~1954}의 사진으로 아는데, 대여섯 살로 되어 보이는 소년이 왼팔 겨드랑이에 자기 키만 한 바게트를 낀 채 달려가는 모습이다. 환하고 해맑게 웃는 표정이 오래도록 기억에 남았다.

소년의 표정과 걸음에는 두 가지가 함축되어 있다. 하나는 부모님이 집에서 갓 구워진 빵을 기다리고 있다는 뜻이고, 다른 하나는 소년이 바게트를 사려고 줄을 서서 오래 기다렸다는 뜻이다. 따끈따끈한 바게트를 하나 샀으니 집으로 돌아가는 발걸음이 얼마나 가벼웠을까. 도대체 바게트가 무엇이길래. 이렇게 물음표가 각인되었다.

바게트는 프랑스 문화 코드다. 프랑스의 자부심이다. 길이는 약 65cm, 지름은 5~6cm. 무게는 250g 내외. 2023년 기준 바게트 하나의 표준 가격은 약 1300원 정도. 프랑스 정부는 바게트의 모양과 크기, 재료를 법령으로 규정하고 있다. 특정한 빵을 국가에서 법령으로 규정하는 나라가 세계에서 프랑스 말고 또 있을까.

프랑스 사람들이 나무토막처럼 생긴 빵을 먹기 시작한 것은 18세기 들어서다. 19세기 한 제빵사가 헝가리산 밀가루, 그뤼오^{gruau, 오트밀}를 사용해 길쭉한 빵을 만들어 팔았다. 이 길쭉한 빵이 맛에서 혁신적인 도약을 한다. 1839년 오스트리아 빈에서 개발된 '스팀 오븐'이 파리에 들어왔고, 1867년 파리 만국박람회에 출품된 '효모'를 빵에 사용하기 시작하면서부터다. 이 무렵 프랑스인은 생김새가 특이한 이 빵을 '바게트^{baguette}'라고 부르기 시작했다. 바게트는 프랑스어로 지팡이, 막대기라는 뜻이다. 1920년에는 바게트의 무게를 80g 이상, 길이는 40cm 이하로 제한하는 규정까지 만들었다.

바게트가 프랑스의 문화 코드로 자리 잡은 것은 1944년 '바게트 그랑프리^{Le Gragd Prix de la Baguette}' 대회를 개최하면서부터다. 최고의 바게트 제빵사를 찾는 대회. 매년 200명 이상의 제빵사가 심사위원들 앞에서 바게트 경연을 펼친다. 심사위원들은 굽기, 모양, 냄새, 맛, 부스러기 5가지 기준으로 우승자를 가린다. 우승자는 4000유로(한화 약 563만 원)의 상금과 함께 1년간 엘리제궁의 식탁에 빵을 공급하는 권한을 갖는다.

프랑스인의 바게트에 대한 자긍심은 그들이 '제빵 조약'까지 만들어냈다는 사실에서 다시금 확인할 수 있다. 1993년 프랑스 국회는 홈메이드라는 이름으로 빵을 만들어 팔려면 판매하는 장소에서 빵을 구워야 한다고 제빵 조약에 규정했다.

프랑스 빵집에서는 여러 종류의 바게트를 판다. 바게트 데피, 프류뜨, 피셀, 바케트 트라디시옹, 드미 바게트. 바게트 트라디시옹^{baguette tradition}은 유기농 밀가루를 사용한 전통 수공 바게트를 말한다. 프랑스 사람들은 보통 그냥 "트라디시옹"이라고 말한다. 절반 길이의 바게트는 드미^{demie, 절반} 바게트라고 한다.

파리시는 매년 최고의 바게트 빵집을 선정해 '올해의 바게트'를 발표한다. 언론은 이 연례행사를 크게 다룬다. '메이외르 바게트^{meilleure baguette}', 영어로 하면 'the best baguette'다. 올해의 바게트로 선정되면 미슐랭 스타처럼 빵집 유리 창문에 인증 마크를 붙인다. 제빵사 최고의 영예다.

2024년 제31회 '올해의 바게트' 수상자는 제빵사 자비에 네트리^{Xavier Netry}였다. 자비에 네트리는 파리 11구에서 불랑주리 유토피^{Boulangerie Utopie}를 운영하는 제빵사다.

2018년 프랑스 정부는 바게트를 만드는 장인정신과 문화를 '국가무형문화재' 목록에 포함시켰다. 그리고 2022년 말 유네스코^{UNESCO}는 바게트 제조법과 문화를 인류무형문화재 대표목록에 등재했다. 프랑스 문화부 장관 출신의 유네스코 사무총장은 이런 등재 이유를 밝혔다.

> 바게트는 프랑스인의 일상적인 의식이자 식사를 구성하는 중요 요소이며, 나눔과 즐거움의 동의어다. 프랑스인의 생활방식을 세계인이 함께 지켜나가게 됐다.

내가 바게트에 대해 다시 곰곰이 생각하게 된 것은 바게트가 유네스코 인류무형문화재에 등재되었다는 기사를 접하고 나서다.

바게트는 무엇으로 먹는가. 바게트는 단단한 껍질과 부드러운 속살로 나뉜다. 딱딱하게 느껴지는 껍질은 처음에는 저항하는 것 같다. 조금만 힘을 주면 입안에서 '바사삭' 부서진다. 순간, 청각과 촉각이 변연계를 뒤흔든다. 미뢰에 저장된 맛의 DNA가 일제히 환호한다. 이어 부드럽고 촉촉한 속살이 기다린다. 바삭거림과 부드러움의 앙상블. 여기서 피어나는 담백한 맛.

바게트 없이 하루도 못 사는 프랑스 사람이라도 껍질과 속살을 대하는 태도는 연령대에 따라 조금 다른 것 같다. 나이 많은 할머니 중에는 바삭거리는 껍질만을 먹고 말랑거리는 속살은 식사 중 뭉쳐두었다가 새들한테 나눠주기도 한다. 다이어트 중인 젊은 여성들은 살찐다고 속살을 먹지 않기도 한다. 바게트는 곧 바삭거리는 껍질 맛이라는 뜻이다.

바게트는 밀가루, 소금, 효모, 물 4가지만으로 만든다. 특별한 첨가물이 들어가는 게 아니다. 그런데도 바삭거리는 껍질과 쫄깃하면서 부드러운 속살이 어우러지는 순수한 맛이 일품이다. 뒷맛까지 깊고 은은하다. 이 맛을 알면 다른 빵을 먹지 못한다.

나이 마흔에 바게트 맛을 알게 된 나. 바게트에 관해서 나는 여전히 왕초보다. 가끔 바게트에 버터를 발라 아침 식사를 한다.
그때마다 감동한다.
그동안 이런 오묘한 맛을 모르고 어떻게 살았을까.

Episode 12
먹거리로 보는 세계사
귀족만 먹는 감자

Q : 감자튀김을 주식으로 먹는 나라는? A : 벨기에
Q : 세계에서 감자가 가장 맛있는 곳은? A : …

두 번째 질문에 대한 답은 주관적일 수밖에 없다. 감자 농사를 짓는 사람은 자신이 재배하는 감자라고 주장할 터다. 감자튀김의 원조 국가인 벨기에 사람들은 당연히 벨기에 감자라고 대답할 가능성이 높다. 감자의 고향인 남미 티티카카호 부근의 감자를 맛본 사람은 그곳의 감자가 역대급 최고라고 목에 힘을 줄 수도 있겠다.

나의 제한적인 경험에 비추어 말하면 세계에서 감자가 가장 맛있는 곳은 캐나다 PEI주다. 캐나다 북동부 대서양에 면해 있는 섬이 프린스 에드워드섬Prince Edward Island. PEI. 오대호에서 발원한 세인트로렌스강이 굽이쳐 흘러가다가 대서양 앞에서 만^灣을 만드는데, 그 바다 위에 떠 있는 섬이 PEI다.

육지에서 떨어져 나와 스스로 고독을 택한 섬. 캐나다에서 가장 작은 주 PEI를 유명하게 만든 건 문학이다. 루시 모드 몽고메리^{Lucy Maud Montgomery, 1874~1942}의 소설 《빨간 머리 앤》의 배경이 PEI다. 소년·소녀 시절 주근깨 소녀 앤의 유쾌한 긍정 바이러스에 매료되지 않은 사람은 드물다. 《빨간 머리 앤》은 주기적으로 새롭게 제작되며 그때마다 신드롬을 일으킨다.

PEI가 자랑하는 두 번째가 감자다. 이 작은 주가 캐나다에서 나는 감자의 25%를 차지한다. PEI를 가는 방법은 비행기와 바다 위에 놓인 연륙교를 건너는 두 가지다. 오래전 PEI를 여행한 적이 있다. 노바스코시아에서 비행기를 타고 PEI로 가다 보면 진풍경이 펼쳐진다. 고도가 낮아지면서 섬의 지세^{地勢}가 눈에 들어오는데, 흙색깔이 온통 붉은 빛이었다.

여장을 풀고 호텔에서 식사하는데, 통감자 몇 알이 껍질째로 접시에 나왔다. 별생각 없이 나이프로 감자를 알맞은 크기로 잘라 입에 넣었다. 이가 감자의 단단한 육질 속에 박혔다. 한 입 삼키는 순간, 미뢰가 경련을 일으켰다. 세상에, 감자가 이렇게 찰지고 맛있을 수도 있구나.
그전까지 먹어본 감자는 이름만 감자일뿐 감자가 아니었다.

이것이 PEI와의 첫 만남이었다. 나는 PEI에 머물면서 감자를 여러 번 먹었다. 그때마다 PEI 감자는 나를 감동시켰다. 그 뒤로 나의 혀는 한동안 PEI 감자 맛을 잊지 못해 푸석푸석한 감자를 멀리했다.

벨기에 수도 브뤼셀을 찾는 여행객들은 반드시 그랑광장에서 프렌치 프라이의 원조인 감자튀김을 맛본다. 벨기에 여행의 통과 의례 같은 것이다. 코로나가 한창일 때 유럽의 대표적 감자 수출국 벨기에가 직격탄을 맞기도 했다. 벨기에 정부는 감자 소비량이 급감하고 수출이 끊기자 '매주 2회 이상 감자튀김 먹기' 운동을 장려하기에 이르렀다.

먹거리로 보는 세계사는 무궁무진하고 흥미진진하다. 입이 큰 생선 대구大口만 봐도 그렇다. 콜럼버스보다 500년 전 먼저 신대륙에 도착한 사람이 바이킹족이다. 이들은 주식인 대구 떼를 쫓다가 신대륙을 발견했다. 대구는 유럽인의 삶에서 떼려야 뗄 수 없는 생선이다. 먹거리 중 대구 못지않게 스토리가 풍부한 게 감자다.

먼저 프로이센의 프리드리히 2세^{Friedrich II, 1712~1786}. 가히 엽기적인 방법으로 인구를 폭발적으로 늘려 강대국의 기틀을 마련한 인물. 그의 별명은 '감자 대왕'이다. 독일 북쪽 변방에서 발흥한 프로이센이 유럽의 강국으로 부상한 것은 두 번의 전쟁을 통해서였다. 오스트리아 왕위 계승 전쟁과 7년 전쟁이다. 전쟁에서 승리하긴 했지만 그 후유증이 심각했다. 잇따른 전쟁으로 국토는 황폐해지고 인구가 급감해 백성의 삶은 피폐해졌다. 여기에 흉년까지 들면서 민심은 흉흉해졌다. 프리드리히 2세는 백성을 굶기지 않는 방법을 고심했다. 어떻게 해야 하나. 그때 대안으로 떠오른 게 감자였다. 1492년 콜럼버스의 서인도제도 도착 이후 구대륙 유럽에 콩, 감자, 옥수수 같은 신대륙의 작물이 들어왔다.

감자는 척박한 땅에서도 잘 자라고 짧은 시간 안에 대량 수확이 가능한 작물이다. 구황救荒작물로 불리는 이유다. 백성들이 감자를 먹는다면 당장의 굶주림에서 벗어날 수 있다고 왕은 생각했지만, 백성들은 감자를 거들떠보지 않았다. 생긴 것도 울퉁불퉁 제멋대로인 데다 성경에 나오지 않는 '악마의 식물'로 알려지면서 온갖 해괴한 소문이 돌아다녔다. 감자를 먹으면 한센병이 걸린다는 괴담도 있었다. 이로 인해 감자는 감히 식탁을 넘보지 못하고 사료 더미 속에 처박혀 있었다.

왕은 한 가지 묘수를 생각해 냈다. 금지된 것일수록 더 욕망한다는 인간의 심리를 역이용하기로 한 것이다. 왕은 포고령을 내렸다. '감자는 귀족만 먹어야 한다.' 감자가 하루아침에 아무나 먹을 수 없고 사료로도 쓸 수 없는 작물로 신분이 상승하자 상황이 돌변했다. 평민들이 왕실과 귀족 정원에서 자라는 감자에 눈독을 들이기 시작했다. 야밤에 몰래 정원에 들어가 감자 서리를 하는 사람까지 생겼다. 가축 사료에 지나지 않던 감자는 이렇게 프로이센 가정의 식탁에 오르게 되었고, 18세기 말 전 유럽에 퍼져나가게 된다.

감자는 영국과 바다를 사이에 둔 아일랜드의 역사 속으로 들어가는 중요한 키워드다. 아일랜드 농부들은 척박한 땅에서 잘 자라는 감자 농사를 지었다. 동일한 시간 내에 수확량을 늘리려면 단일품종을 심는 게 유리하다. 그러나, 단일 품종 재배는 전염병에 취약하다는 단점이 있다. 1847년 감자 마름병이 돌아 감자밭이 썩어 나갔다. 감자대기근^{Great Famine, 1845~1852}이다. 아일랜드 사람들은 먹을 게 없어 배를 주렸다. 아일랜드 인구의 4분의 1가량이 굶주림에 쓰러졌다. 자식을 굶기지 않으려면 고향을 떠나야 했다. 수많은 아일랜드 사람이 눈물을 훔치며 대서양을 건넜다. '아이리시 엑소더스^{Irish Exodus}'. 아일랜드는 수도 더블린 중심가에 그때의 비극을 잊지 말자는 뜻으로 대기근 기념상을 설치해 놓았다. 조형물을 보면 그때의 비극이 고스란히 전해져온다.

미국 35대 대통령인 존 F. 케네디^{John F. Kennedy, 1917~1963}의 친조부모와 외조부모는 모두 1868년 '아이리시 엑소더스'의 행렬에 올라탄 사람들이다. 감자 대기근이 일어나지 않았다면 노블레스 오블리주를 상징하는 케네디 가문도 없었을지 모른다.

'눈물 젖은 빵을 먹어보지 않은 사람과는 인생을 논하지 말라'는 말이 있다. 고향을 등진 아일랜드 출신들에게는 '눈물 젖은 감자'가 될 것이다. 감자밖에 먹을 게 없어 목이 메면서도 감자를 먹지 않을 수 없었던 아일랜드 농부들. 그런 아일랜드 농가에서는 식탁의 즐거움이란 없다. 그들에게 식사는 허기진 배를 채우는 행위일 뿐이다. 고흐의 1885년 작 〈감자 먹는 사람들〉처럼 말이다.

Episode 13

황금빛 맛, 너도 좋아하게 될 거야

피시 앤 칩스

"영국 사람들이 대대로 좋아하는 음식이니까 이 음식을 한번 맛봐야 한다."

회사 선배의 손에 이끌려 간 서울 조선호텔 '오킴스'에서의 첫 만남. 잔뜩 기대했다. 1990년대 초반, 신문기자 생활을 시작한 지 5년 정도 되었을 무렵이었다. 영자 신문지에 둘둘 싸여 나온 피시 앤 칩스의 첫인상은 느끼함이 너무 강해 하얀 생선살을 음미할 여지가 없었다. 절반도 못 먹고 남겼다.

오킴스는 아이리시 펍Irish Pub이었다. 그 뒤로도 오킴스를 여러 번 갔었다. 피시 앤 칩스를 더 먹어볼 기회가 있었지만 고개를 돌렸다. 그날 이후 최소 10년 이상 피시 앤 칩스를 쳐다보지 않았다. 캐나다 프린스 에드워드 섬^{PEI}에 출장을 갔을 때도 마찬가지였다. 심리학 용어인 '초두효과^{初頭效果}'가 그대로 적용된 것이다.

판타지 문학의 아버지는 《반지의 제왕》의 작가 J.R.R. 톨킨^{John Ronald Reuel Tolkien, 1892~1973}이다. 《반지의 제왕》만큼 세계문학을 비롯해 영미 문화권에 깊은 영향을 미친 것도 찾기 힘들다. 두 번째 영화 시리즈인 〈반지의 제왕: 두 개의 탑^{The Lord of the Rings: The Two Towers, 2002}〉에 보면 반지 운반 대원인 샘이 골룸에게 이렇게 말한다.

"황금빛 맛 좋은 감자칩과 생선튀김, 너도 좋아하게 될 거야."

톨킨은 영국 식민지이던 남아공에서 태어났지만 영국에서 학교를 다녔다. 뼛속 깊은 영국인이다. 옥스퍼드대학 중세 문학 교수이면서 문헌학자인 톨킨이 굳이 등장인물을 통해 피시 앤 칩스를 상기시킨 까닭을 생각해 본다.

비틀즈의 히트곡 중에 1967년에 발표된 〈페니 레인^{Penny Lane}〉이 있다. 페니 레인은 존 레논과 폴 매카트니가 살던 영국 리버풀에 있는 작은 거리다. 이 노래에도 피시 앤 칩스가 나온다.

Penny Lane is in my ears and in my eyes
페니 레인은 내 귀와 눈에 있어요

A four of fish and finger pies
4페니짜리 피시 앤 칩스를 먹던
In Summer, meanwhile back
한여름으로 잠시 되돌아가요

〈페니 레인〉은 워낙 유명한 곡이라 온라인에 여러 버전의 번역판이 떠돈다. 문제는 'A four of fish'의 번역이다. 영국의 속어로 '4페니짜리 피시 앤 칩스'를 뜻한다. 이런 속어를 모르는 사람은 피시 앤 칩스라고 번역하지 못한 채 엉뚱한 말을 한다. 어떤 음식이 속어로까지 변형되어 유통된다는 사실에서 우리는 피시 앤 칩스가 얼마나 영국인의 생활 속에 깊게 녹아들어 있는지 미뤄 짐작할 수 있다. 페니 레인은 비틀즈 팬들이 반드시 찾는 리버풀의 명소가 되었다. 이 지점에서 우리가 눈여겨볼 부분은 피시 앤 칩스 값을 4페니라고 했다는 대목이다.

페니는 100분의 1파운드다. 1960년대 피시 앤 칩스가 얼마나 싼 값에 팔렸는지를 알 수 있다. 재료인 생선과 감자가 그만큼 흘러넘쳤다는 뜻이리라. 맛있고 영양가도 있는데, 값은 싸다.

누구나 아는 상식이지만 감자는 남미 페루가 원산지다. 스페인 정복자가 남미에서 스페인으로 '괴상하게' 생긴 채소를 들여왔다. 그 이후 유럽 여러 나라에서 울퉁불퉁 못생긴 감자를 놓고 웃지 못할 수많은 사건이 벌어졌다. 심지어 감자에 악령이 스며있다는 괴담까지 그럴듯하게 돌았다. 프로이센의 프리드리히 2세는 굶주리는 백성을 살리기 위해 감자 먹기 장려 운동을 펼쳤고, 결국 인구를 늘리는 데 성공했다. 오죽하면 그를 '감자 대왕'이라 불렀을까. 북부 변방에서 출발한 프로이센이 세력을 넓혀 독일을 통일할 수 있었던 데는, 그 뿌리를 파고들면 감자의 지분도 상당하다.

우여곡절 끝에 감자는 척박한 아일랜드로 흘러 들어가 섬나라 아일랜드의 주식이 되었다. 그런데 어느 날 감자밭에 전염병이 돌면서 감자가 썩어버렸다. 감자 흉년이다. 이것이 '아이리시 엑소더스'로 이어졌다.

감자튀김을 프렌치프라이라고 한다. 벨기에 브뤼셀에 가면 통과의례처럼 감자튀김을 먹는다. 벨기에인은 감자튀김 없이는 못 사는 사람들 같다. 벨기에와 프랑스는 여전히 감자튀김 원조 논쟁을 벌이는 중이다. 이렇게 감자의 역사는 곧 유럽 음식사와 일정 부분 포개진다.

피시 앤 칩스에 대한 나의 인상이 완전히 바뀐 것은 2007년 호주에서다. '이민 특집'을 취재하기 위해 호주의 멜버른, 시드니, 브리즈번, 애들레이드를 돌며 교민들을 만났다. 애들레이드에서 취재가 다 끝났을 때 교민이 "애들레이드에 왔으니 명소를 한번 구경하시라"며 안내한 곳이 세마포어 Semaphore 비치였다.

애들레이드 중심가에는 세마포어 비치를 오가는 기차가 있다. 고풍스러운 기차를 타고 10여 분 달리니 세마포어 해변이 나타났다. 길쭉하게 뻗은 돌출부두를 걸어보고 해변을 거닐다가 출출해졌다. 길가에는 피시 앤 칩스 가게가 여러 개 보였다. 벽면의 메뉴판에는 생선 종류와 크기별로 주문을 하게 되어 있었다.

값은 5,000~6,000원 했던 것으로 기억한다. 무슨 생선을 주문했는지는 기억나지 않는다. 생선 필레를 즉석에서 튀기는 것을 지켜보았다. 신문지에 둘둘 싸준 것을 들고나와 해변가 나무 벤치에 앉았다. 살짝 긴장한 채로 한 입 베어 물었다. 느끼함이 전혀 없었다. 담백한 생선살이 입속에서 녹았다. 피시 앤 칩스가 이렇게 맛있는 거였구나.

지금도 그때 먹었던 피시 앤 칩스 맛이 잊히지 않는다. 바닷가에서 먹었기 때문일까. 맛없는 것은 어디서도 맛없다. 자꾸만 비교하게 된다. 왜 오킴스에서 맛본 피시 앤 칩스는 내게 아무런 감동을 주지 못했을까. 나의 결론은 튀김반죽과 기름 때문이다. 기름 범벅으로 내놓는 피시 앤 칩스에서는 누구라도 맛을 음미하기 어려울 것이다.

2018년 호주의 저명한 식물학자 데이비드 구달 David Goodal, 1914~2018 이 104세를 일기로 스위스 바젤에서 안락사로 눈을 감았다. 구달 박사가 기나긴 인생 항해를 끝내기 직전에 마지막으로 맛본 음식은 피시 앤 칩스와 치즈 케이크였다.

구달 박사는 영국 태생으로 1948년 호주로 이민 와 평생을 과학자로 살았다. 100세를 넘어서도 연구 활동을 했고 전문지를 편집했다. 해산물이 풍족한 호주에 살면서 고향의 맛인 피시 앤 칩스를 얼마나 자주 먹었겠는가. 그랬으니 최후의 식사로 주저 없이 피시 앤 칩스를 골랐으리라.

언젠가 천국에서 구달 박사를 만나면 묻고 싶다.
그때 먹어본 피시 앤 칩스 맛이 어땠는지를.

Episode 14

신뢰할 수 없는 약속

오징어 먹물 파스타

　신년 모임을 서울 신문로의 유명한 갤러리 레스토랑에서 가졌다. 8명이 참석한 이 모임에서 식사의 중반까지는 예술 이야기가 화제가 되었다. 아무래도 식사 전에 갤러리 큐레이터로부터 〈수수덤덤 전展〉 한국화 작품에 대한 설명을 들었기 때문이리라.

　화제가 어쩌다 코로나 시절로 흘러갔다. 참석자 중 한 사람은 확진자를 중범죄인 취급하던 초반에 코로나에 걸렸다고 했다. 시간 단위로 동선까지 샅샅이 까발리던 그 시절에. 그는 눈물 없이는 들을 수 없는 서러운 이야기를 생생하게 풀어놓았으나 참석자들은 박장대소했다. 나 역시 오징어먹물 리소토를 먹으면서 배꼽이 아프게 웃었다.

벌써 까마득한 옛날이야기가 되어버린 느낌이다. 코로나가 한창 창궐할 시점인 2020년 봄으로 돌아가 보자. 언론에서는 연일 인류의 전염병 투쟁사史를 특집기사로 쏟아냈다. 알베르 카뮈의 장편소설 《페스트》가 느닷없이 베스트셀러에 오르기도 했다. 이때 가장 자주 언급된 도시가 이탈리아 베네치아였다. 베네치아는 1456~1528년 흑사병이 모두 14번 휩쓸고 지나갔다. 베네치아가 전염병에 취약할 수밖에 없었던 배경은 누구나 아는 대로다. 동양 문물과 지중해 해양 문물이 유럽 대륙으로 들어가는 관문이 베네치아 아닌가. 병균은 사람과 물자를 따라다닌다. 베네치아에서는 오가는 사람과 물자가 많다 보니 툭하면 전염병이 돌았다.

외국 여행을 마치고 인천공항에 내리면 첫 번째 통과해야 하는 문이 쿼런틴^{Quarantine}이다. 이 앞에는 소독약을 뿌린 매트를 깔아놓았다. 혹여나 여행객의 신발 밑창에 묻었을지도 모를 병균을 살균하겠다는 뜻이다. 방역이라는 뜻의 '쿼런틴'이 바로 베네치아에서 유래한 말이다. 그래서 이 매트를 힘주어 밟으면 물기가 살짝 올라온다. 베네치아 사람들은 워낙 자주 흑사병이 창궐하다 보니 나름의 생존방식을 체득했다. '쿼런틴'은 흑사병이 돌면 무조건 40일간 철저하게 격리한다는 뜻이다.

반복되는 흑사병 창궐은 베네치아인의 일상에 여러 가지 문화를 문신처럼 새겨놓았다. 먼저 부케테^{buchette}. 와인 구멍이다. 전염병이 돌아도 삶은 계속된다. 와인을 마시고 싶은 사람은 와인을 사서 마셔야 한다. 손님과의 대면을 피하고 와인을 팔려면? 방법은 건물 외벽에 20×30cm의 직사각형 구멍을 만들어 이곳을 통해 와인을 파는 것이다. 그게 부케테다.

베네치아에서 유명한 스파게티가 '세피아 네로 스파게티Spagetti al Nero di Seppia'다. '세피아 네로'는 이탈리아어로 '오징어 먹물'이라는 뜻이다. '세피아 네로'는 베네치아인에게 전염병 예방약으로 두루 쓰였다. '세피아 네로'를 이용한 리소토도 있다. 실제로 오징어먹물에는 타우린이 들어 있어 건강에 좋다는 사실이 밝혀졌다. 스파게티와 리소토 뿐만아니라 김밥에도 오징어 먹물이 사용된다.

베네치아 카니발은 리우 카니발과 세계 3대 카니발에 들어간다. 베네치아 카니발에도 흑사병의 흔적이 남아있다. 흑사병 의사, 즉 메디코 델라 페스테Medico della peste라고 불리는 새 부리 마스크다. 흑사병을 치료하는 의사가 방독면처럼 쓰고 다닌 마스크가 새 부리처럼 생긴 데서 유래했다. '메디코 델라 페스테'는 국내에서 핼러윈 데이의 인기 복장으로 자리잡았다.

조선시대에는 오징어를 오적어烏賊魚로 불렀다. 왜 해물 이름에 까마귀 오烏자를 넣었을까. 얼핏 생각하기에 오징어가 포식자에게 위협을 받을 때 뿜어내는 검은색 먹물이 까마귀 색을 닮았기 때문에 그런 이름이 만들어졌을 것으로 추정할 수 있다.

다산 정약용의 형 자산 정약전은 흑산도에서 유배 생활을 했다. 그 시절 정약전이 집필한 우리나라 최초의 어류 백과사전이《자산어보茲山魚譜, 1814)》다. 이준익 감독이 같은 이름의 영화로도 만들었다.《자산어보》에는 오적어 어원에 관한 한 가지 설說을 적어놓았다. 오징어가 까마귀를 즐겨 먹는 특성에서 비롯되었다는 설이다. 오징어가 바닷물 위로 떠 올라 죽을 체를 하고 있으면 까마귀가 오징어를 먹으려 달려든다. 그때를 기다려 오징어가 다리로 까마귀를 휘감고 바닷속으로 들어가 잡아먹었다는 것이다. 전혀 사실무근이지만 조선 시대 바닷가 사람들에게는 그럴듯하게 퍼져 있었던 것 같다.

오징어의 먹물에서 나온 말이 오적어 묵계烏賊魚 默契다. 신뢰할 수 없는 약속을 일컫는 말이다. 오징어 먹물을 먹처럼 사용해 글씨를 쓰기도 한다. 처음엔 먹을 갈아 만든 먹물과 차이가 없는 것처럼 보인다. 그러나 시간이 흐르면서 오징어 먹물은 휘발되어 사라진다. 아무리 중요한 약속을 한들 약조가 문서로 남아있질 않으니 구속력이 사라진다. 조선 후기의 실학자 이수광이 쓴 《지봉유설》에도 오적어 묵계가 언급된다.

> 오징어 먹물로 쓴 글씨는 해를 넘기면 먹이 없어지고 빈 종이가 된다. 사람을 간사하게 속이는 자는 이것을 써서 속인다.

몇 년 전 여름. 서울 부암동의 유금와당박물관에 지니어스 테이블 회원들과 초대받은 적이 있다. 유금와당박물관은 유창종 전 대검 마약과장과 금기숙 전 홍익대 교수의 성姓을 따서 지은 박물관이다. 유 관장은 평검사 때부터 아무도 주목하지 않던 기와에 매료되어 기와를 수집·연구하다 국내 최고의 와당 전문가로 인정받았다. 그가 수집한 와당은 용산국립박물관에 기증되었다.

박물관 관람을 마치고 자하문로가 내려다보이는, 아기자기하고 예쁜 식당으로 향했다. 메뉴판을 보며 식사를 주문하는데 나는 별생각 없이 오징어 먹물 파스타를 골랐다. 나는 처음 가 보는 이탈리아 식당에서는 봉골레 파스타를 주문하는 습관이 있었지만 이날은 웬일인지 오징어 먹물 파스타가 끌렸다.

아무래도 식사 중 화제는 와당 이야기가 될 수밖에 없었다. 진지하면서도 재밌고 유쾌한 대화가 진행되었다. 대화에 너무 몰입했기 때문일까. 그만 실수로 파스타면 몇 가닥을 흘리고 말았다. 하얀색 셔츠 앞부분이 시커멓게 물들었다. 대화가 얼어붙었다. 일행들의 시선이 일제히 와이셔츠 먹물로 모아졌다. 난감했다. 나는 앉은 자리에서 임시방편으로 냅킨에 물을 묻혀 먹물을 닦아냈다. 스스로 생각해도 한심했다. 더 요란을 떨다가는 식사 분위기를 깰 거 같아서 태연한 척했다. 대화는 다시 이어졌다.

그렇게 한 40여 분이 지났을까. 무심결에 셔츠를 쳐다보았다. 놀랍게도 먹물이 거의 사라져 자국이 희미해졌다. 눈이 휘둥그레졌다. 어떻게 이런 일이! 다른 일행들도 놀라워했다. 누가 정색하고 들여다보지 않는 한 먹물로 새카맣던 자국을 분간하기 힘들 정도였다. 한 시간도 지나지 않아 먹물이 사라지다니!

그때 다섯 글자가 뇌리를 스쳤다. 언젠가 신문을 읽다 수첩에 메모한 글귀. 오적어 묵계. 아, 이래서 오적어 묵계라는 말이 나온 거구나.

"옛말에 오적어 묵계라는 말이 있는데, 정말 그러네요."

나는 웃으며 오적어 묵계에 얽힌 이야기를 꺼냈다. 일행들은 내 셔츠에서 일어난 믿을 수 없는 일을 눈으로 보면서 오적어 묵계를 실감했다.

Episode 15

도도한 고양이에게 말 걸기

안키모와 푸아그라

가끔씩 순댓국이 먹고 싶어질 때가 있다. 얼마 전 아침 순댓국이 당겼다. 친구에게 '급벙(번개모임)'을 쳤다. 저녁 약속을 거의 하지 않지만 몸이 순댓국을 간절히 원했다. 정부종합청사 스타벅스R에서 오후 작업을 마치고 친구를 OOO 순대국에서 만났다. 12,000원으로 오른 순댓국 '특'을 주문해 막 한 숟갈 뜨려는데 식당 주인이 서비스라며 간^{肝}이 담긴 접시를 내왔다. 음식값을 올린 데 대한 미안함의 표시 같았다. 간을 고추소금에 찍어 먹었다. 오랜만에 맛보아서일까. 혀에 착착 달라붙었다.

곰곰이 생각해 보니 순댓국을 매월 한 번꼴로 먹는 것 같다. 어떤 때는 순댓국을 포장해 집에서 끓여 먹기도 한다. 순댓국집에서 순대 한 접시를 시키면 간이 몇 점씩 나온다. 돼지 간은 퍽퍽하고 밀도가 거칠지만 고소한 맛이 좋다.

　순대 간을 먹다가 종종 찾는 백화점 식당가의 회전 초밥집이 떠올랐다. 사람마다 선호하는 초밥이 각각 다르다. 비린 맛을 즐기는 나는 등 푸른 생선을 좋아한다. 초밥집에 가면 먼저 주문하는 게 절인 고등어 초밥이다. 다음이 절인 청어 초밥이나 전갱이 초밥을 찾는다. 일단 등 푸른 생선부터 주문하고 다른 흰살생선을 고른다.

　회전 초밥집은 계절별로 새로운 메뉴를 내놓는다. 언제부턴가 아귀간을 활용한 초밥이 두 종류 등장했다. 단새우아귀간감태와 아귀 간 군함.

　감태甘苔는 첫입에 쓴맛이 나면서 살짝 갯내음도 머금고 있다. 탱글탱글한 식감에 단맛이 나는 새우와 느끼한 아귀 간을 짭조름한 감태로 싸서 먹으니 일품이었다. 아귀 간 군함 역시 감태로 퍽퍽한 느끼함을 잡아 특유의 고소한 맛이 살아났다.

　어느해 가을쯤일 것 같다. 아귀 간 군함을 처음 맛보았을 때를 잊지 못한다. 아구찜에도 종종 큼지막한 아귀 간이 섞여 나올 때가 있지만 양념에 버무려진 아귀 간에서는 아귀 간 특유의 맛을 음미하기가 힘들다. 아귀간은 살짝 차갑게 해서 먹어야 한다. 고추냉이를 푼 간장에 아귀 간 군함을 찍어 먹었을 때 입안에 퍼지는 고소한 풍미!

　아귀 간은 일본어로 안키모鮟肝다. 안키모는 일식의 진미眞味로 통한다. 아귀 간을 활용한 초밥은 일본에서 들어온 미식이다. 오래전부터 미식가들 사이에서 안키모가 인기였으나 나는 최근까지 이를 몰랐다. 안키모를 만드는 방법은 비교적 단순하다. 아귀 간 덩어리를 먼저 소금으로 씻어낸다. 그다음 청주 酒, 사케 에다 헹군다. 핏줄을 제거하고 아귀를 으깨 쪄낸다. 그리고 둥그런 원형으로 만들어 굳힌다. 안키모를 잘라 접시에 놓으면 마치 생김새가 햄을 썰어놓은 것처럼 보인다. 아귀 간의 매력은 점성 粘性 질 식감에 있다. 잇새로 파고드는 지방간의 느끼함과 뒷맛으로 남는 고소함.

가만, 내가 이런 비슷한 맛을 어디서 먹어봤더라. 좀처럼 생각나지 않았다. 한참을 생각한 끝에 아귀 간이 푸아그라맛과 흡사함을 깨달았다. 어떻게 바다 생선인 아귀 간이 가금류의 거위 간과 맛이 비슷할까.

푸아그라 Foie gras 는 최근까지만 해도 캐비아, 송로버섯과 함께 세계 3대 진미 眞味 에 꼽혔다. 그중 철갑상어 알인 캐비아는 위상이 조금 달라진 듯하다. 요즘 국내에서도 철갑상어 양식이 가능해지면서 과거에 비해 흔한 식재료가 됐다.

푸아그라는 거위나 오리의 간으로 만든 식품이다. '푸아'는 간이고, '그라'는 지방이라는 뜻이다. 말 그대로 지방간이다. 건강검진에서 의사들이 심각한 표정으로 경고하는 '지방간'이다. 푸아그라는 고급 프랑스 식당에서 전채 요리나 메인으로 나온다. 고대 이집트에서 처음 먹기 시작한 푸아그라는 프랑스로 건너가 베르사이유 궁전 셰프들이 만들면서 고급 요리로 승격되었다.

프랑스는 푸아그라의 최대 생산국이면서 최대 소비국이다. 프랑스는 법령으로 푸아그라를 정의한다. '푸아그라는 가바쥐로 살찌운 거위나 오리의 간'이며 '푸아그라는 보호해야 할 프랑스의 문화이자 미식 유산'. 마치 바게트에 대한 법령을 보는 것 같다.

푸아그라는 가바쥐gavage 사육법으로 만든 것이다. 그런데 프랑스는 이 사육법으로 인해 동물 학대라는 비난을 받는다. 가바쥐는 거위를 케이지에 가둬두고 강제로 먹이를 먹여 키우는 방법이다. 몸을 움직이지 못하는 상황에서 주둥이를 벌려 깔대기에 사료를 부어 먹이는 게 가바쥐다(요즘 기준으로 동물복지에 반하는 사육법이다). 갇혀 있는 상태에서 먹기만 하니 살이 찌고 간이 비대해진다. 그런데 지방이 많이 낄수록 질 좋은 푸아그라로 대접받는다.

가바쥐 사육법은 고대 이집트가 원조다. 기원전 2500년 이집트인은 거위나 오리 같은 철새류가 집단이동을 하기 전 먹이를 최대한 많이 먹어 몸집을 비대하게 키운다는 것을 알았다. 여기서 착안해 그들은 거위나 오리에게 강제로 먹이를 삼키게 했다. 고대 이집트인들이 푸아그라를 얼마나 즐겼으면 공공건물의 바닥돌에까지 가바쥐 사육을 부조浮彫로 남겼을까.

푸아그라는 고대 이집트에서 지중해 연안으로 퍼져나갔다. 프랑스에서 푸아그라 최대 생산지는 알자스 지역의 스트라스부르다. 스트라스부르의 명물은 스트라스부르 파이Strasbourg pie로, 패스트리에 푸아그라를 넣어 만든 빵이다. 유럽에서 '스트라스부르 파이'는 고급 베이커리로 통한다. 윌리엄 새커리의 대표작 《허영의 시장》부터 뮤지컬 《캣츠》에까지 문화예술에 '스트라스부르 파이'가 종종 등장하는 배경이다. 롱타임 스테디셀러 뮤지컬 《캣츠》에는 20여 곡의 노래가 나온다. 그중 맨 마지막 노래가 〈어드레싱 오브 캣츠The Ad-dressing of Cats〉. 우리말로 옮기면 '고양이에게 말 걸기'가 된다. T.S.엘리엇의 시에 곡을 붙였다.

> Some little token of esteem
> Is needed, like a dish of cream
> 조그만 존경의 표시도 필요해
> 이를테면 크림 한 접시 같은 것
>
> And you might now and then supply
> Some caviar, or Strassburg pie
> 때로는 내놓을 수도 있지.
> 캐비아 약간이나 스트라스부르 파이
>
> Some potted grouse or salmon paste
> He's sure to have his personal taste
> 꿩고기 통조림이나 연어 페이스트를
> 분명 고양이마다 취향이 있을 테니

완벽한 각운脚韻에 감탄하지 않을 수 없다. 역시 T.S. 엘리엇이다.
 도도한 고양이에게 말이라도 걸어 보려면 최소한 캐비아나 스트라스부르 파이 정도를 갖다 바쳐야 되는구나. 웃음이 절로 나온다.

Episode 16

원시와 문명의 하모니

스시와 간장게장

스시가 뉴욕 맨해튼의 월 스트리트^{Wall Street}에 뿌리를 내린 결정적인 요인은 고급화 전략이다. 월가의 고액 연봉자들이 고급^{high-end} 스시 레스토랑을 드나들면서 스시 레스토랑에 출입하는 것은 곧 성공의 증표로 자리잡았다. 카운터에 앉아 일본어로 스시를 주문하고 오마카세에 나오는 스시 종류를 일본어로 말할 줄 아는 것이 교양 있는 미식가의 기준이 되었다. '무엇을 먹느냐가 곧 그 사람이다'라는 인식이 퍼지면서 스시는 곧 성공을 의미했다. 이 지점에서 궁금증이 생긴다. 수천 년 동안 '날 것'을 경계하는 집단 무의식을 공유해온 백인들이 갑자기 '날 것'을 즐기게 된 것을 어떻게 설명해야 할까.

미합중국을 구성하는 50개 주 중에서 바다에 면한 주는 21개 주. 와이

오밍, 네브라스카, 캔사스, 아이오와, 미주리 등과 같은 중부 내륙지방에서 태어난 사람들은 대부분 생선을 냉동 형태로 처음 접했다. 전자레인지에 돌리거나 튀겨 먹었다. 호수나 강에서 낚시로 물고기를 잡는다 해도 언제나 튀기거나 구어서 먹었다.

주태국 미국대사를 지낸 에릭 존은 현재 보잉코리아 사장이다. 미국 중부 내륙지방 출신인 그는 부산 미국영사관에도 근무한 경력이 있다. 그의 신문 연재칼럼을 읽다가 '광안리에서 생선회를 처음 먹으며 한식에 눈을 떴다'라는 제목에 그만 눈이 휘둥그레졌다.

아직도 회를 먹을 때면 부산 주재 미국 영사관 직원들과 광안리 수산시장에서 첫 만찬을 하던 날이 떠오른다. 수조에서 직접 횟감을 고르자 아직 눈을 느리게 껌뻑이는 생선 대가리와 함께 곧 거창한 활어회 한 상이 차려졌다. (…) 다소 충격적일 정도로 신선한 생선을 처음 접하면서 새로운 세계에 눈을 떴다고 해도 과언이 아니다.

'새로운 세계에 눈을 떴다'는 문장을 되새김질한다. 자신의 미각 본능에 존재하지 않았던 활어회 맛을 새롭게 발견했다는 뜻인가. 아니면, 미각 본능의 한쪽 구석에 똬리를 틀고 있었지만 오랜 세월 잊혔던 것에 눈을 떴다는 말인가.

이런 의문 앞에서 우리는 인류학에 도움을 청해야 한다. 현생 인류의 조상은 호모 사피엔스다. 그렇다면 호모 사피엔스의 조상은? 호미닌

hominin, 작은 사람족이다. 아프리카 동부에 살던 호미닌이 진화한 것인 호모 사피엔스다. 호모 사피엔스가 아프리카를 벗어나 전 세계로 퍼지는 과정에서 호미닌의 유전체^{DNA}가 전달되었다.

불의 발견은 호모 에렉투스^{homo erectus} 시기라는 것이 인류학의 정설이다. 불의 발견으로 인류는 비로소 문명 세계에 첫걸음을 내디뎠다. 몸을 따뜻하게 했고 사냥한 것을 익혀 먹으면서 인간의 수명이 조금씩 늘어났다. 장구한 인류의 역사에 비춰보면 '날것을 먹은 시간'이 '불에 익혀 먹은 시간'보다 훨씬 더 오래되었다. 그렇다면, 호미닌이 호모 사피엔스에 전달한 유전체^{DNA} 중에 날 것에 대한 미각이 포함되지 않았을까.

한식에서 '날 음식'의 대표는 게장과 육회다. 나는 육회를 가끔씩 먹는다. 육회가 혀에 닿을 때마다 미묘한 흥분이 인다. 핏빛과 비릿함이 원초적 욕망을 일깨운다. 지금 곰곰이 생각해 보니 이것은 내 미각에 수렵 생활의 미각 본능이 잠재한 까닭이었다. 인간의 모든 원초적 욕망에는 비릿함이 서려 있다.

육회와 게장 중에서 중독성이 강한 것은 단연 간장게장이다. 게장은 한번 맛을 들이면 여간해선 끊기 어렵다. 딸이 미국에서 유학 중인 대학 동기는 이런 말을 했다.

"딸이 귀국하면 항상 간장게장을 가장 먹고 싶어 한다. 내가 간장게장을 좋아하지 않아 집에서 게장을 내놓은 적이 없는데도 이상하게 딸은 한국에 오면 간장게장부터 찾는다."

직장 생활을 하는 아들이 군 복무 중 첫 휴가를 나왔을 때다. "가장 먹고 싶은 게 뭐냐"고 아내가 묻자 아들은 "간장게장이 먹고 싶다"고 대답했다.

왜 간장게장은 오랜만에 집에 오는 젊은 세대와 외국생활을 하다 귀국한 이들의 소울 푸드가 되었을까. 도대체 간장게장이 무엇이길래. 서울 마포에는 간장게장으로 유명한 식당이 있다. 이곳은 일본 주재원들이 단골로 찾는 식당이다. 서울 근무를 끝내고 돌아간 일본인들이 서울 하면 가장 먼저 생각나는 음식이 간장게장이라고 한다. 그 중독성 맛을 잊지 못해 서울을 다시 찾는다. 일본 영화 감독 고레에다 히로카즈도 간장게장 마니아다. 그는 한국에 올 때마다 반드시 한 끼는 간장게장을 먹는다.

게장은 참으로 오묘한 음식이다. 익히지 않았으니 날 것임은 틀림없다. 그렇다고 100% 날 것은 아니다. 간장으로 절여서 날 것 특유의 비린 맛을 없애버려서다.

서울 종로구 가회동에 있는 큰기와집은 간장게장으로 미쉐린 스타를 받은 국내 유일의 식당이다. 간장게장 3대인 한영용 사장은 "인간의 미각에는 날 것에 대한 본능이 잠복해 있다"고 말한다.

사람이 태어나 최초로 먹는 음식이 모유다. 어머니 젖은 날 것이다. 인간은 본능으로 날 것을 기억한다. 왜 석전대제釋奠大祭에 올라가는 음식이 생음식인지를 생각해보라. 모든 문명권의 제사상에는 날 것이 올라온다. 사람 손이 닿지 않은 음식이 신성한 것이라고 여긴 결과다.

이 말은 우리가 미처 깨닫지 못했던 미각 본능을 일깨운다. 자연스럽게 고개가 끄덕여진다. 다시 스시寿司로 돌아가자. 스시는 날 것과 익힌 것의 결합이다. 자연 그대로의 날 것과 불로 익힌 것의 절묘한 융합이다.

스시를 간장에 찍어 먹을 때 우리는 왜 행복감을 느끼나. 그것은 원시적 미각과 문명적 미각의 하모니 때문이 아닐까.

Episode 17

뉴요커를 뉴요커답게 만드는 메뉴
생굴

"그 집 굴탕면이 맛있어요."

한번은 지인과 점심 약속을 하면서 이 말에 선뜻 그곳으로 가겠다고 했다. 국물을 한 숟갈 넘기고 탱글탱글한 굴을 씹었다. 굴의 육즙이 입안에 퍼져나갔다. 나는 금방 행복감에 취했다. 역시 겨울에는 굴이 들어간 음식을 자주 섭취해야 한다고 중얼거리면서. 국물 한 방울 남기지 않고 깨끗하게 그릇을 비웠다.

굴이 들어간 식사나 요리를 나열해 본다. 굴밥, 굴국, 굴탕면, 굴미역국, 매생이굴국(식사류). 생굴, 굴전, 굴튀김, 굴구이, 어리굴젓, 굴초무침(요리류)…

굴은 동양에서는 바다의 인삼, 서양에서는 바다의 우유로 불린다.

굴이 몸에 좋은 자연식품이라는 데는 이견이 없지만 개개의 메뉴에 들어가면 호불호가 갈린다. 대체로 굴전은 싫어하는 사람을 만나기 어렵다. 밀가루와 계란옷을 입혀 중불에서 지글지글 익는 소리와 함께 고소한 굴 향이 집안에 퍼져나가면 누구라도 입맛을 다시지 않을 수 없다. 노릇노릇한 비주얼에 금세 침이 고인다. 나는 개인적으로 굴튀김보다는 굴전을 더 선호한다. 말레이시아, 싱가포르 같은 동남아에서도 굴전과 비슷한 요리가 있다.

생굴에 관해서는 호불호가 극명하다. 나는 갯내음이 물씬 나는 비릿한 향기의 생굴을 좋아한다. 바다의 짠맛을 품고 있는 거칠고 야성적인 금속성 맛 때문이다. 하지만 그 맛으로 인해 고개를 젓는 사람도 있다.

성문종합영어에는 굴과 관련된 영어 문장이 앞부분에 나온다. 굴은 1월부터 12월까지 'r'이 없는 달에는 먹어서는 안 된다. 달(月)을 표기하는 단어 중에 'r'이 없는 달은 오월May, 유월June, 칠월July, 팔월August이다. 일 년 중 4개월은 굴을 먹을 수 없다는 뜻이다. 프랑스어도 마찬가지다.

일본에서는 벚꽃이 지고 나면 굴을 먹지 않는다. 4월이면 벚꽃이 홋카이도를 제외하고 다 떨어지니 영미권의 통념과 거의 맞아떨어진다. 날이 따뜻해지고 바닷물이 더워지는 여름철에는 굴에 독소가 생긴다. 이런 굴을 잘못 먹으면 비브리오 패혈증에 감염된다.

영화 〈악마는 프라다를 입는다$^{\text{The Devil Wears Prada, 2006}}$〉를 보면 뉴욕에서 살아남는다는 게 어떤 것인지를 조금은 짐작할 수 있다. 팝아트의 황제 앤디 워홀은 "성공이란, 뉴욕에서 직장을 잡으면 그게 성공"이라고 일갈했다. 경보선수처럼 빠르게 움직이는 뉴요커들을 뉴요커답게 만드는 메뉴가 굴 요리다. 대서양과 면해 있다 보니 뉴욕 식당가에는 다양한 종류의 신선한 굴이 공급된다.

굴은 뉴욕과 떼려야 뗄 수 없다. 뉴욕과 멀지 않은 곳에는 오이스터 베이$^{\text{Oyster Bay}}$라는 마을이 있다. 바닷가에 지천으로 널린 굴을 보고 네덜란드인이 붙인 이름이다. 19세기 뉴욕 앞바다에 굴 양식이 보급되면서 굴이 대량 생산되었다. 거의 모든 식당에서 굴 요리를 팔았다. 뉴욕을 가리켜 '굴의 수도'라고 불렀다. 굴 소비가 폭증하면서 공급이 수요를 따라가지 못했다.

20세기 초반 굴 양식업자가 수요를 맞추려 씨알이 굵은 외국 종자를 들여왔다. 그런데 이 외국 종자에 세균이 숨어 있는 것을 알지 못했다. 외국 종자와 함께 침입한 세균은 뉴욕 양식장의 토종 굴을 초토화했다. 흔하디흔했던 굴이 갑자기 귀해지면서 값이 폭등했다. 그때부터 굴의 수도라는 위상이 흔들렸다.

뉴욕의 굴 전문 식당 중에서 널리 알려진 곳이 '오이스터 바$^{\text{Grand Central Oyster Bar & Restaurant}}$'다. 미국에서 가장 큰 기차역인 '그랜드 센트럴'에 있는 식당이다. 뉴욕에서 기차로 출퇴근하는 이들 중 상당수가 그랜드 센트럴을 이용한다. 그래서 뉴욕을 배경으로 하는 영화의 십중팔구는 이 기차역이 등장한다.

'오이스터 바'는 제롬 샐린저의 소설 《호밀밭의 파수꾼》에 등장하면서 이름이 널리 알려졌다. '오이스터 바'는 식당 이름처럼 오이스터가 주요 메뉴다. 손님은 빈자리에 앉아 커다란 직사각형 칠판에 적혀 있는 안내판을 읽는다. 굴 종류와 종류별 산지가 빼곡하다. 블루포인트, 스텔라 마리스, 클레오, 오솔레, 빅록… 복잡해 보이는 주문서에 병원 문진표 기록하듯 표시를 한다. 큰 접시에 차가운 굴이 8~10개 나온다. 여기에 화이트 와인 한 잔을 곁들이는 것이 뉴요커의 식도락이다.

21세기 굴의 제국은 프랑스다. 프랑스는 유럽 최대의 굴 생산국이다. 매년 굴 15만 톤'을 생산한다. 흥미로운 사실은 생산량 대부분이 프랑스 안에서 소비된다는 점이다. 프랑스인은 12월부터 굴을 먹기 시작하는데 대부분 생굴로 먹는다.

프랑스인의 굴 사랑이 어느 정도인지를 보여주는 사례 하나. 20세기 파리의 프루니에 레스토랑에서는 모든 메뉴를 굴 요리로 채웠다. 지금도 고급 레스토랑에 가면 여러 종류의 굴을 맛보는 '굴 테이스팅 메뉴'를 즐길 수 있다.

소설가 어니스트 헤밍웨이 Ernest Hemingway, 1899~1961는 파리를 사랑했다. 1920년대와 1940년대 두 차례 파리에 머물며 파리를 탐닉했고 여러 책에 파리 찬가를 썼다. 그중 《헤밍웨이, 파리에서 보낸 7년》에 보면 굴 먹는 법까지 친절하게 기록했다.

굴을 먹을 때, 진한 바다의 맛과 희미한 금속 맛을 차가운 화이트 와인이 씻고 바다 풍미와 즙이 많은 질감만 남을 때, 껍질에 담긴 차가운 즙을 마신 뒤 분명한 맛으로 씻을 때, 공허감을 잊고 행복해져서 앞일을 계획하기 시작했다.

Episode 18

우리는 왜 불맛을 그리워하나

숯불구이 바베큐

2024년 봄, 서울 여의도 더 현대에서 열린 〈폼페이 유물전〉. 이 전시회는 2000년 전 화산재에 파묻힌 폼페이 사람들이 인생을 얼마나 호화롭게 즐겼는지를 실감나게 보여주었다. 대리석, 프레스코, 청동조각, 사람 캐스트 등 전시품이 127점에 불과했지만 그들의 호사를 엿보는 데 부족함이 없었다.

폼페이 사람들의 '럭셔리 라이프'를 엿볼 수 있는 것 중의 하나가 겨울에 와인을 데우는 청동기 사모바르^{Samovar}다. 그릇 안쪽에 숯불을 넣고 술을 따뜻하게 데워 앞쪽 작은 주전자 주둥이로 따라 마시게 되어 있다. 나의 관심은 청동기에 숯불을 넣어 따뜻하게 데웠다는 대목에 끌렸다. 폼페이 유물전을 보기 전까지 나는 사모바르의 존재를 알지 못했다. 사모바르 문화는 고대 그리스에서 시작되어 러시아 같은 추운 지방에서 주로 발달했다.

우리는 숯불구이가 워낙 일상적이어서 아무렇지도 않게 여기지만 서양인은 많이 다르다. 그들은 한국 식당에서 처음 숯불구이를 접하면 놀라워한다. 식탁에서 숯불로 고기를 굽다니! 직화直火는 한식의 매력이다.

대표적인 미국문화의 하나인 바베큐 역시 숯불구이다. 그러나 바베큐는 공원이나 뒷마당 같은 널찍한 공간에서 이루어진다. 미국 식당에서 스테이크를 주문하면 대체로 그릴에서 구워 내온다. 그릴을 달구는 것은 가스 불이다. 그런데 한식당에서는 바베큐를 눈앞에서 즐긴다. "지글지글" 구워지는 고기를 집게로 뒤집으며 먹는다.

1970년대부터 뉴욕의 파인 다이닝을 주도한 것은 일식, 즉 와쇼쿠和食였다. 날 음식을 경멸하던 미국인에게 스시壽司를 알게 한 것은 1963년 맨해튼에 등장한 일본식당 카와후쿠川福. 월가의 고액연봉자들이 스시 맛을 알게 되고, 비즈니스 접대를 일본식당에서 하면서 와쇼쿠는 파인 다이닝의 상징으로 자리 잡았다. 스시를 구분하고 일본어로 주문할 줄 안다는 것은 재력과 교양을 갖춘 성공의 증표였다.

2010년대 들어 뉴욕 파인 다이닝 세계에 변화가 일기 시작한다. 젊은 한국 셰프들이 그 바람의 주인공. 한식이, 50년 가까이 뉴욕 파인 다이닝을 지배한 와쇼쿠를 밀어내는 것 아니냐는 성급한 전망마저 나온다.

도대체 한식의 어떤 매력이 난공불락처럼 여겨지던 일식의 아성을 흔들리게 한 것인가. 불맛을 고기와 생선에 입혔기 때문이다. 불맛의 중독성은 치명적이다. 남녀노소 할 것 없이 한번 혀끝이 불맛을 알아버리면 그 다음부터는 속수무책.

박진배 뉴욕 FIT 대학 교수는 조선일보에 음식 칼럼을 연재 중이다. 한번은 박 교수가 레스토랑 주아Jua를 운영하는 오너셰프 김호영씨 이야기를 소개했다.

메뉴로 김밥, 생선구이, 갈비, 죽 등을 재해석한 일곱 가지 코스 요리를 장작불로 구워 제공한다. 장작을 태운 숯과 재를 이용해서 낮은 온도로 조리함으로써 야채, 고기, 생선의 맛을 극대화하는 방법이다. 과거 장작불을 이용해서 밥을 짓고, 국 끓이고, 고기나 고구마도 구워 먹으며 요리하던 한옥의 부엌을 생각하며 레스토랑을 구상했다고 한다.
촉촉하고 풍미가 가득한 '주아'의 요리는 '불맛'에 진심인 한국인뿐 아니라 뉴요커들의 입맛도 사로잡았다.

2020년에 개업한 주아는 미슐랭가이드에서 원스타를 받았다. 《뉴욕타임스》는 "한번 먹어보면 주방에 신뢰를 가지게 되는 깊은 맛"이라고 극찬했다.

《뉴욕타임스》의 코멘트 중에서 '깊은 맛'을 주목할 필요가 있다. 우리는 미식 생활에서 '깊은 맛'이라는 표현을 곧잘 쓴다. 어떤 음식이든 한번 '깊은 맛'을 알아버리면 그 식당을 잊지 못한다.

'깊은 맛'의 원형은 무엇인가.

인간의 뇌는 미각 앞에서는 이성을 잃지 않는다. 냉정하다. 세월이 흐르면 한때 등졌던 사람과도 화해하고 손을 잡기도 하지만 맛없는 음식과는 절대 강화를 맺지 않는 게 인간이다.

그리스 신화에 따르면 올림포스 신들의 전유물이었던 불을 인간 세계에 전해준 이는 프로메테우스다. 이로 인해 프로메테우스는 제우스의 노여움을 사 가혹한 형벌을 받는다.

인간은 불을 갖게 되면서 비로소 문명 세계에 첫발자국을 내딛게 되었다. 불을 피워 추위를 피할 수 있었고, 야수로부터 생명을 지킬 수 있었다. 짐승, 조류, 물고기를 불에 익혀 먹으면서 인간은 영양 상태가 좋아져 발육이 왕성해졌다. 차츰 수명이 늘어났다. 불에 구워 먹으며 맛에 눈을 떴다. 사냥한 짐승을 불에 구워 먹으면서 인간은 불가에 둘러앉아 대화를 나누었다. 불에 익힌 고기를 역할에 맞게 나눠 먹는 법도 익혔다. 가족끼리 정이 돈독해졌고, 부족끼리 연대감을 공유했다.

오래전 서울 종로의 한 극장에서 장 자크 아노$^{Jean\text{-}Jacques\ Annaud,\ 1943\sim}$ 감독의 〈불을 찾아서$^{Quest\ for\ Fire,\ 1981}$〉를 본 적이 있다. 별생각 없이 들어가 본 영화였는데, 극장을 나오면서 영화의 충격에 다리가 휘청거렸다. 이 영화는 캐나다-프랑스 합작 영화다. 원제는 '라 게르 뒤 퓌$^{La\ Guerre\ Du\ Feu}$'. 번역하면 '불의 전쟁'이다. 이게 영화 제목인 '불을 찾아서'보다 더 내

용에 충실하다는 생각이다.

영화는 8만 년 전, 구석기 시대의 유럽을 배경으로 한다. 어쩌다 불을 갖게 된 인류가 불을 지키고 다루는 법을 배우려 투쟁을 한다는 줄거리다. 부족의 생존과 직결되는 불. 부족마다 불을 지키는 책임자를 따로 둔다. 부족의 우두머리는 불을 꺼트려 버린 세 명에게 불을 가져오라고 명령한다. 불을 찾아 나선 세 사람이 이미 재만 남은 모닥불 흔적을 발견한다. 재를 뒤적거리다 손으로 만져보고는 온기를 느끼려 재 속에서 뒹구는 모습은 눈물겹다. 불을 찾던 중 세 남자가 사자에 쫓겨 나무 위로 올라가 벌벌 떨며 밤을 지새우는 장면도 있다. 불을 갖지 못한 야생 상태의 인간이 얼마나 나약한 존재인가를 깨닫게 하는 영화 〈불을 찾아서〉. 불을 사용하게 되면서 인간은 비로소 동물의 상태에서 벗어나 진화의 에스컬레이터에 올라선다.

아무리 AI 시대라고 하지만 인간의 본성은 수렵시대와 크게 달라지지 않았다. 사람 몸은 수렵시대부터 이어져 내려온 유전자에서 거의 변화가 없다는 것이 인류학자들의 결론이다.

왜 초밥집에서는 장어 초밥을 내놓으면서 토치를 사용해 불맛을 입힐까. 왜 버거킹은 신제품 이름을 '불맛 더블치즈버거'라고 지었을까. 왜 치킨 브랜드는 신상품을 내놓으면서 불맛을 코팅하려 할까. 왜 같은 생선구이라도 숯불로 구워내는 식당에 손님들이 줄을 서는가.

왜 뉴요커는 한식당의 숯불구이에 열광하는가. 왜 버거킹 모델 최수종은 "불맛이 맛의 격차를 만들었다"고 힘주어 말하나. 그것은 모닥불 옆에서 불에 구운 짐승의 넓적다리를 뜯던 수렵인을 우리의 집단 무의식이 기억하고 있기 때문이다.

"탁탁탁" 모닥불이 타는 것을 보면 마음이 편안해진다. 이글거리는 불꽃을 보노라면 그 순간만큼은 모든 근심 걱정이 눈 녹듯 사라진다. 어떤 시원始原의 세계 속으로 빨려 들어가는 듯하다. 불멍의 마력이다. 왜 우리는 불멍에 빠지려 하는가.

시인 백석白石, 1912~1996은 일찍이 〈모닥불〉에서 불멍에 빠지는 인간을 노래했다.

> 새끼오리도 헌신짝도 소똥도 갓신창도 개니빠니도 너울쪽도 짚검불도 가락닢도 머리카락도 헝겊조각도 막대꼬치도 기왓장도 닭의 깃도 개터럭도 타는 모닥불
>
> 재당도 초시도 문장도 늙은이도 더부살이아이도 새사위도 갓사둔도 나그네도 주인도 할아버지도 손자도 붓장사도 땜쟁이도 큰개도 강아지도 모두 모닥불을 쪼인다.

Episode 19

최상의 우아함

샤토브리앙과 마리아 칼라스

프랑스의 문호 빅토르 위고^{Victor Hugo, 1802~1885}는 열세 살부터 시^{詩}를 습작했다. 열네 살 때인 1816년에 쓴 일기에는 이런 대목이 나온다.

나는 샤토브리앙이 아니면 아무것도 되지 않겠다.

위고가 언급한 이는 프랑스 문학에서 낭만주의 시대를 연 작가이자 정치가였던 '프랑수와-레네 드 샤토브리앙^{François-René de Chateaubriand, 1768~1848}'이다. 위고가 34년 연상인 샤토브리앙을 만났다는 기록은 없다. 아무래도 나이 차가 컸던 게 같은 파리 하늘 아래 살았으면서도 교류가 없었던 요인으로 추정된다. 그럼에도 위고는 샤토브리앙을 사숙했고 그를 뛰어넘고 싶어 했다.

"나는 샤토브리앙이 아니면 아무것도 되지 않겠다."니 얼마나 당돌한가. 문청^{文靑}다운 패기가 오월의 숲처럼 싱그럽다.

우리에게 작가와 정치가로 각인되었지만 샤토브리앙은 19세기 프랑스 작가 중 알아주는 미식가였다. 그는 실제로 식도락과 관한 에세이를 여러 편 썼다. 그중에서 지금까지 전해지는 대표적인 어록 몇 개를 음미해보자.

   미묘한 향과 특별한 풍미를 가진, 잘 숙성된 치즈를 한 입 베어 먹는 것은 우리가 타임캡슐을 타고 여행을 가는 것이다. 그 다양한 맛은 장인정신과 전통의 스토리를 전해준다.
   완벽하게 구워낸 푸아그라는 혀끝의 시처럼 부드럽고 풍부하다.
   맛있는 콩쏘메 수프 향의 오묘한 상호작용이란! 이것은 미각의 교향곡이며 한 숟가락 뜰 때마다 요리 장인에 바치는 시^詩다.
   최고급 트러플을 맛보는 것은 최상의 화려함을 경험하는 것이다. 흙의 향과 독특한 맛은 어떤 식사든 비교 불가능한 탐미^{耽美}의 세계로 격상시킨다.

샤토브리앙은 식재료에 대해서도 깊은 관심을 갖고 있었다. 이 점에서는 시대를 조금 앞선 독일의 문호 괴테와 흡사하다.

삼정하누라는 식당이 있다. 고기, 탕, 비빔밥을 파는 한식당 체인이다. 이 식당의 메뉴판 상단에 샤토브리앙이 보인다. 시그니처 메뉴다. 샤토브리앙을 주문하면 그 두께에 놀라게 된다. 두께가 거의 3cm 정도 된다. 소고기 안심 부위의 한가운데를 잘라낸 것을 샤토브리앙이라 한다.

샤토브리앙은, 당연한 이야기지만 고급 프랑스 식당의 메뉴에 등장한다. 내가 프랑스 요리의 고전이며 아이콘이라는 샤토브리앙을 처음 맛본 것은 프랑스 식당이 아닌 한식당에서였다. 샤토브리앙은 맛을 보기에 앞서 일단 두께에 압도된다. 바벨탑 같은 스테이크의 도도한 자태. 육즙을 머금은 채로 당당하게 포크와 나이프를 기다린다. 첫입을 맛보는 순간 그 부드러움에 두께를 잊고 만다.

샤토브리앙은 1822년 주영국 프랑스대사를 지냈다. 영국대사 시절 관저 전속 요리사였던 몽미레유가 VIP 만찬용으로 개발한 스테이크가 샤토브리앙이다.

이름이 알려진 세계적인 요리사들도 샤토브리앙에 대해 한 마디씩 언급했다. 마사 스튜어트, 줄리아 차일드, 고든 램지… 라이프 스타일의 구루로 불리는 마사 스튜어트는 "샤토브리앙은 우아한 디너 파티에 가장 잘 어울리는 스테이크"라고 말했다. 영화 〈줄리 & 줄리아〉의 실제 인물인 줄리아 차일드는 외교관 남편을 따라 프랑스에 주재하면서 프랑스 요리를 배워 미국에 프랑스 요리를 유행시킨 여성이다. 줄리아 차일드는 "우아하고 단순한 샤토브리앙은 적절한 소스와 굽는 기술이 중시되는 요리"라고 언급했다.

줄리아 차일드가 샤토브리앙 스테이크 요리의 핵심을 지적한다. 샤토브리앙 스테이크가 완성되려면 샤토브리앙 소스가 받쳐줘야 한다. 샤토브리앙 소스는 화이트 와인, 데미글라스, 절인 양파, 버터, 타라곤, 레몬

주스 등을 혼합해 만든다.

샤토브리앙은 두께가 뉴욕 스테이크의 1.5배에서 2배 정도 된다. 모든 스테이크에 적용되는 말이지만 특히 샤토브리앙의 식감은 굽기에 좌우된다. 중불에서 레어는 16분, 미디엄 18분, 웰던 20분. 소스와 굽기 정도가 조건에 맞춰질 때 비로소 샤토브리앙 스테이크가 완성된다. 프랑스 낭만주의 작가 샤토브리앙은 프랑스 스테이크의 지존^{至尊}이다.

사람 이름이 요리명으로 남은 또 다른 경우 역시 프랑스 요리와 관련이 있다. 프랑스 파리에서 인생 후반기를 보낸 20세기를 대표하는 소프라노 마리아 칼라스^{Maria Callas, 1923~1977}. '오페라의 여왕', '세기의 디바' 등의 수식어가 따라붙는 마리아 칼라스.

파리 몽마르트르에 살 때 그가 자주 찾던 식당 중 하나가 콩코르드 광장과 가까운 막심^{Maxim de Paris} 레스토랑이다. 막심 레스토랑은 영화 〈미드나잇 인 파리^{Midnight in Paris, 2011}〉에도 나온다. 앞부분에 잠깐 언급되었다가 끝부분에서 길과 아드리아나가 우연히 찾아가는 장소로 설정된다.

마리아 칼라스는 막심에 오면 '양고기에 프아그라와 송로버섯을 넣고 얇은 파이로 굽는' 메뉴를 자주 주문했다. 칼라스와 같은 시대를 살며 막심을 드나들었던 파리의 미식가들은 그가 막심에서 어떤 요리를 즐겼는지를 모두 알고 있었다.

도쿄 주오구 쿄바시^{京橋}에는 1984년 문을 연 프렌치 레스토랑 '셰즈 이노$^{Chez\ Inno}$'가 있다. 우리말로 옮기면 '이노의 집'이라는 뜻이 되겠다. '셰즈 이노'는 도쿄역과 지하철 쿄바시역 사이에 있다. 이 레스토랑의 오너 셰프 아사히 이노우에는 막심 레스토랑과 마리아 칼라스의 최애 메뉴를 기억하고 있었다. 그는 2015년 '마리아 칼라스'라는 메뉴를 선보였다. 맛에 대한 품평을 떠나 스토리텔링으로 인해 금방 도쿄 미식가들 사이에서 유명세를 탔다. 메뉴에 나와 있는 정식 이름은 '램 파이 마리아 칼라스 스타일$^{Lamb\ Pie\ Maria\ Callas}$'. 이후 도쿄 미식가들 사이에는 '마리아 칼라스를 먹는 모임'까지 등장했다.

파이 안에 고기를 넣어 굽는 것을 독창적이라고 할 수는 없다. 여러 문화권에서 비슷한 요리가 존재한다. 하지만 어떤 스토리텔링을 입히느냐에 따라 품평이 달라진다.

파리나 도쿄에서 샤토브리앙과 마리아 칼라스를 즐길 수 있다면 미식가에게 이보다 더한 호사^{豪奢}가 또 있을까.

MENU 3

사색을 부르는 지혜의 잔

혀끝에 닿는 달콤씁쓸한 멋

韻
멋, 운치, 풍류와 아름다움 : 운

강력한 인간의 욕망
예술가들이 탐닉한 커피
스타벅스와 모비딕
악마의 음료
푸시킨의 마지막 결투
밀워키 광고를 보다가
마르틴 루터와 스메타나는 무엇으로 통하나
지상 최고의 축제 옥토버페스트
세계 문화의 공통어

Episode 20

강렬한 인간의 욕망

세인트 헬레나 커피

얼마 전, 결혼 30주년을 맞은 지인 B에게서 부부 동반 독일 여행 계획을 들었다. 그보다 앞서, 서북부를 제외한 독일을 일주한 경험이 있는 나로서는 B가 짠 여정에 맞장구를 치며 호응했다. 전체적인 스케줄은 효율적으로 짜여 있었다. 그런데 딱 한 도시에서, 선험자로서 나는 일정 조정을 권했다. '1박'을 '2박'으로 늘리는 것이 어떻겠느냐. 그곳은 '라이프치히 Leipzig'였다. 라이프치히는 알려진 대로 요한 세바스찬 바흐 Johann Sebastian Bach, 1685~1750를 탄생시킨 도시이고, 리하르트 바그너 Richard Wagner, 1813~1883가 태를 묻은 곳이다. 그뿐인가. 스무 살 청년 괴테를 기억하고 있으며 《파우스트》의 무대가 되는 곳이다. 니체도 라이프치히에서 청춘을 보내지 않았던가. 내가 B에게 라이프치히에서 하루 일정을 늘려 꼭, 반드시 가보라고 한 곳은 1813년 라이프치히 전투의 현장이다.

1812년 러시아 원정遠征에서 패퇴한 나폴레옹Napoléon Bonaparte, 1769~1821은 전열을 가다듬어 1813년 10월 또 한 번 원정에 나섰다. 그 현장이 라이프치히 외곽 들판이다. 그 세계사적 현장에는 거대한 전승기념비가 있다. 나는 이 전승기념비에 얽힌 이야기를 《언젠가 유럽》에 자세히 쓴 적이 있다. 결론적으로 나폴레옹은 라이프치히 전투에서 패해 권좌에서 내려왔고, 지중해 엘바섬에 유배됐다. 이로써 사실상 나폴레옹 시대가 막을 내렸다.

　전투는 1813년 10월 16일부터 19일까지 나흘간 치러졌다. 이 전투에 나폴레옹군 22만 5,000명, 반反나폴레옹 연합군(프로이센·오스트리아·러시아) 38만 명이 참전했다. 불과 4일간의 전투를 통해 10만 명 안팎의 군인이 전사했다. 나폴레옹군은 4만 5,000명이 죽었다.

　상상해 보라. 들판에 버려진 채 썩어가는 수만 구의 시체를. 1813년 12월, 라이프치히에 장티푸스가 돌아 수천 명이 죽어 나갔다. 장티푸스는 수인성水因性 전염병. 바그너의 호적상 아버지도 이 장티푸스로 죽었다. 라이프치히를 강타한 장티푸스는 썩은 시체의 침출수가 지하수를 오염시켜서 발생한 것이다.

　이미 많은 전쟁사 연구가들이 전쟁의 천재 나폴레옹이 이 전투에서 패할 수밖에 없었는지를 다각도로 분석했다. 전쟁의 승패에는 여러 요소가 복합적으로 작용한다. 때때로 날씨라는 요소도 불쑥 끼어든다. 지금까지 나온 패인敗因 중 하나는 반나폴레옹 연합군의 주력인 프로이센 군대가 나폴레옹이 직접 지휘하는 주력 부대와 대결을 피한 후 다른 장군들의 부대를 격파, 나폴레옹을 포위·고립시켰다는 것이다. 또 다른 패인은 초반 나폴레옹군 편에 섰던 작센군과 뷔르템베르크군이 막판에 마음을 바꿔 연합군 편으로 가담해 전세가 기울었다는 것이다.

작센은 현재의 라이프치히와 드레스텐을 둘러싼 지역을 지배했던 왕국이었다. 작센은 북부의 프로이센, 남부의 바이에른과 경쟁 관계에 있었다. 그런데 무슨 까닭인지 막판에 반나폴레옹 연합군에 힘을 보태면서 세계사의 흐름을 바꿔버렸다.

2022년에 번역·출간된 《세계사를 바꾼 커피 이야기》우스이 류이치로 지음는 세계사를 바꾼 라이프치히 전투를 '커피'의 관점에서 흥미롭게 분석하는 책이다.

나폴레옹은 1806년 11월 베를린 칙령을 반포한다. 이른바 대륙봉쇄령이다. 이로 인해 서인도제도와 네덜란드 동인도회사에서 독일로 들어오는 커피가 막혔다. 도쿄대 명예교수인 저자는 커피 봉쇄가 결국 나폴레옹의 몰락을 불렀다고 분석한다.

각종 뿌리나 홉을 우려낸 '대용 커피'에 질린 독일인들은 분연히 일어나 반나폴레옹 해방전쟁에 참여했다.

북 리뷰에서 이 대목을 접하는 순간, 쿵 하고 뇌가 흔들리는 기분이었다. 잠시 뒤 나는 고개를 끄덕이며 옅은 미소를 지었다.

나폴레옹은 왜 커피 수입을 막았을까. 커피 마니아인 나폴레옹은 누구보다 커피의 마력을 잘 알고 있었다. 초급 장교 시절부터 나폴레옹은 파리 프로코프Procope 카페의 단골이었고, 그곳에서 커피를 배웠다. 프로코프 카페와 관련된 일화도 여러 개다. 나폴레옹은 프로코프 카페를 드나들며 커피와 함께 교양을 쌓았다. 그는 여러 원정에서 진중陣中 도서관을 운영, 《젊은 베르테르의 슬픔》과 같은 당대의 베스트셀러를 비치해 장교와 병사들이 읽게 했다. 또한 원정遠征에 나설 때도 커피를 필수 보급품에 포함시켰고, 이로 인해 병사와 장교들은 전투가 끝나고 잠깐의 휴식 중에도 커피를 마실 수 있었다.

다시 1813년 10월, 라이프치히 전투로 돌아가 보자. 나폴레옹에 줄을 섰던 작센 왕국은 왜 하루아침에 나폴레옹에 등을 돌렸을까. 독일로 들어가는 수입금지품목에는 카리브 연안과 인도네시아산 커피가 포함되어 있다. 독일 북쪽 지역에서는 대부분 커피를 마실 수가 없었다. 그중 커피 금단 현상이 심각했던 곳이 작센 왕국의 라이프치히다. 바흐의 〈커피 칸타타〉가 나올 만큼 일찍이 커피를 사랑해 온 도시가 라이프치히 아닌가. 수년간 커피 '대용물'을 억지로 마시며 불만이 누적되었던 작센 병사들이 막판에 반기를 든 것이다.

나폴레옹은 커피를 마시지 못하게 하면 프로이센이 프랑스에 항복할 것으로 예상했으나 계산은 크게 빗나가고 말았다. 오히려 반나폴레옹 전쟁을 결집하는 역효과를 빚었던 것이다. 작센군 11만 5,000명이 나폴레옹에 총을 겨눴다. 커피에 대한 욕망이 '독일 민족 해방'이라는 대의를 걸쳐 입으면서 전투의 승패가 갈렸다.

나폴레옹 시대 유럽인들은 나폴레옹 보나파르트의 이름만 들어도 공포에 질렸다. 그런 나폴레옹의 가공할 파워를 다른 시대의 아시아 사람이 체감하기란 힘든 일이다. 관념적으로만 이해할 따름이다.
라이프치히 전승 기념비의 공식 명칭은 푈커슐라흐트뎅크말 Völkerschlachtdenkmal. 이 기념비가 위치한 주소는 '10월 18일의 길' 100번지. 라이프치히 전투의 분수령이 되는 날을 기념해 '10월 18일의 길'이라고 이름 붙였다. 라이프치히 중앙역에서 15번 전차를 타면 15분 거리다. 이 기념탑은 사진으로 봐서는 아무런 감흥이 일지 않았다. 그러나 기념탑을 향해 걸음을 옮기면서 비로소 실감했다.

독일은 1913년, 전승 100주년이 되는 그해에 91m 높이의 이 화강암 기념탑을 완공했다. 입장권을 사고 가파른 계단을 올라갔다. 다리가 후들거렸다. 엘리베이터를 타고 전망대에 올라가 라이프치히 들판을 둘러보았을 때 깨달았다. 런던 트라팔가 광장의 넬슨 기념탑이나 베를린의 전승탑 지게스조일레의 위용과는 비교가 되지 않았다. 비로소 19세기 전반 유럽을 떨게 했던 나폴레옹의 파워를 실감할 수 있었다.

나폴레옹의 두 번째 유배지는 육지에서 1,900km 떨어진 남대서양의 외딴 섬 세인트 헬레나. 지도상에도 거의 나오지 않는 작은 섬이지만 이곳에서는 놀랍게도 아라비카 커피가 재배되고 있었다. 나폴레옹은 세인트 헬레나에 유배되어 있을 때 커피로 위로를 받았고, 커피는 자신에게 따듯함을 준다고 예찬했다. 이후 '황제의 마지막 순간을 함께 한 커피'로 알려진 세인트 헬레나 커피가 유명세를 얻게 되었다.

기호 식품에 대한 인간의 욕망은 생각보다 훨씬 강력하다.

Episode 21

예술가들이 탐닉한 커피

베토벤60, 커피 칸타타

커피 맛을 설명할 때 쓴맛, 산미^{酸味}, 로스팅과 함께 나오는 용어가 있다. 바디감^{body感}? 알쏭달쏭하다. 묵직함이라는 뜻 같은데. 꼭 이렇게 표기해야만 하나. 국어학자가 대체할 우리말을 찾아 주면 좋으련만.

커피를 즐기는 데는 여러 가지 다양한 이유가 있다. 나는 커피 애호가가 아니다. 체질적으로 커피 애호가가 될 수 없다. 오후에 한 잔 이상을 마시면 밤에 잠을 자지 못한다. 따뜻한 아메리카노를 3분의 1 정도를 남겨야만 숙면에 지장이 없다. 가끔씩 오후에 '정량'을 망각하고 머그잔의 바닥을 볼 때가 있는데 이런 날은 어김없이 전전반측^{輾轉反側}이다.

전업 작가에게는 '루틴'을 지키는 것이 무엇보다 중요하다. 가장 컨디션

이 좋은 시간대에 그날의 '예상 분량'을 써내려면 생체 리듬이 일정해야 한다. 숙면이 필요충분조건이다. 잠을 제대로 못 자면 루틴이 깨진다.

커피의 향미香味를 모르는 내가 목마른 사람처럼 커피를 찾는 때가 있다. 오후 시간이다. 오전에는 커피에 의존하지 않고도 작업을 할 수 있지만 점심 먹고 나서는 힘들다. 달콤한 낮잠의 유혹을 뿌리칠 수가 없다. 낮잠을 자면 밤에 숙면을 못 해 리듬이 흐트러진다.

오후에 3시간 이상 글을 쓰려면 커피의 마력에 의탁하지 않을 수 없다. 이런저런 차茶도 음용해보았지만 아직까지 각성 효과 면에서 커피를 능가하는 것을 찾지 못했다. 중세의 수도사들이 집중력을 요하는 필사筆寫 작업을 하기 위해 커피를 마신 것처럼 명징한 정신상태를 유지하는 데는 커피만 한 것이 없다. 따뜻한 커피가 뇌혈관의 실핏줄을 타고 전두엽에 퍼져나가면 뿌연 안개 덮인 하늘이 비 갠 아침의 가을 하늘처럼 청명해진다. 그러면 마치 스테로이드를 복용한 단거리 육상 선수처럼 노트북 자판에서 손가락이 보이지 않는다.

손꼽히는 동남아 전문가인 지인으로부터 몇 년 전 베트남 원두커피를 선물 받았다. 베트남 최고의 커피라는 '쭝웬Trung Nguyen'커피다. 그런데 커피 케이스가 특별했다. 직사각형 커피 상자의 3면에 걸쳐 나폴레옹 보나파르트, 루트비히 폰 베토벤, 요한 세바스찬 바흐, 오노레 드 발자크, 어니스트 헤밍웨이 5인의 초상화와 그들이 남긴 커피 예찬의 에스프리를 짤막하게 소개하고 있었다. 커피 마니아들이라면 고개를 끄덕일만한 인물들이다. 이들 중 대중적으로 가장 널리 알려진 커피 예찬론자는 프랑스 소설가 오노레 드 발자크 Honoré de Balzac, 1799~1850. 소설가의 이름을 딴 카페, 커피 브랜드, 커피 종류가 세계 곳곳에 있다.

여기서 '소설의 교과서'로 불리는 발자크의 루틴을 잠깐 살펴보자. 커피가 어느 길목에서 등장해 어떻게 기능했는지가 궁금해진다. 그는 저녁을 먹으면 곧바로 잠자리에 들었다. 떠들썩하고 흥청거리는 파리의 밤이 숨을 죽이기 시작하면 잠에서 깨어 서서히 작업을 위한 시동을 걸었다. 그는 파리지앵들이 잠자리에 들 때 일어나 진한 커피를 마셨다.

> 자정쯤, 하인은 여섯 개의 촛대에 불을 켜서 방안으로 가져온다. 그리고 창문에 두꺼운 커튼을 친다. 일체의 빛도 소음도 틈입할 수 없는 글 감옥이 완성된다. 그는 작은 책상에 앉는다. 파리지엥이 침대에서 꿈을 꾸려 할 때 소설가는 책상에서 펜을 들었다. 책상에는 원고지 뭉치, 까마귀 깃털 펜, 잉크병, 메모용 수첩만이 놓여 있다. (…) 한번 상상력에 불이 붙으면 발자크는 몽롱한 상태에서 산불이 바람을 타고 번져나가듯 미친 듯이 글을 써 내려갔다. 글이 생각을 따라잡을 수 없을 정도였다. (…) 화장실에 가거나 커피를 끓이기 위해 자리에서 일어날 때를 제외하고는 꼼짝도 하지 않았다.
> 《파리가 사랑한 천재들 : 문인편》중에서

당대의 작가들이 시가를 즐겼지만 발자크는 커피를 탐닉했다. 《발자크 평전》을 쓴 전기 작가 슈테판 츠바이크 Stefan Zweig, 1881~1942 는 '발자크에게 커피는 검은 석유였다'고 비유했다. 커피를 위장에 부어야 인간 창작 기계가 움직였고, 인쇄물을 찍어내듯 무섭게 원고를 쏟아냈다. 아침 식사가 끝나면 출판사 직원이 문을 노크했다. 밤새 쓴 원고를 가져가기 위해서였다. 출판사 직원의 다른 손에는 그 전날 가져간 원고의 교정쇄 뭉치가 들려 있었다. 커피 애호가들이 주기도문처럼 외우는 발자크의 커피 예찬론의 한 대목을 읽어본다.

> 커피가 위胃로 미끄러져 들어가면 모든 것이 움직이게 된다. 이념들은 군대처럼 전쟁터에서 앞으로 나가고 싸움이 시작된다. (…) 정신력 풍부한 발상들이 저격병이 되어 전투에 끼여든다. 인물들은 옷을 차려입고 종이는 잉크로 뒤덮이고(…)

발자크는 커피 없이는 못 사는 사람이었다. 밥은 굶어도 커피는 마셨다. 발자크는 빚쟁이에 쫓겨 야반도주를 여러 번 했다. 집을 얻을 때 빚쟁이의 기습에 대비해 정문 외에도 비밀 통로를 반드시 마련해 두었다. 이 비밀 통로는 애인에게만 알려주었다. 빚쟁이가 "쾅쾅쾅" 문을 두드리는 다급한 상황에서도 그가 반드시 챙겨 간 것이 도자기로 만든 커피포트였다. 이니셜 'HB'가 새겨진 커피포트.

음악가 중에서 커피와 관련해 빼놓을 수 없는 인물이 루트비히 판 베토벤Ludwig van Beethoven, 1770~1827이다. 빈에 커피가 들어온 것은 1684년. 오스만 투르크 제국 군대와 전쟁1683을 치른 다음 해. 오스만 투르크군이 퇴각하면서 버리고 간 보급품에서 나온 까만 알갱이커피콩 자루가 시초가 되었다.

천재는 대체로 성격이 예민하고 까다롭다는 이야기를 듣는다. 베토벤은 음악의 수도 빈에 35년을 살면서 셋집을 자그마치 30곳 이상 옮겨 다녔다. 본인이 싫증을 느낀 것도 있지만 대부분은 집주인과의 갈등 때문이었다. 보통 사람들의 눈에 천재 작곡가의 행동은 괴팍하게 보였을 것이다. 베토벤의 이런 성격은 커피와 관련해서도 여지없이 드러난다. 베토벤은 아침마다 원두 60알을 직접 골라내 커피를 만들어 마시곤 했다. 어떤 경위로 60알을 정했는지는 알려지지 않았지만 정확히 60알을 지켰다. 60알은 무게 8~10g 정도로 에스프레소 한 잔을 뽑는 데 사용되는 양과 일치한다고 한다. 어쨌든 원두 60알은 루틴을 중시하는 작곡가의 습관으로 자리잡았다. 그래서 '60'이라는 숫자는 커피에서 베토벤 넘버로 굳어졌다.

커피 하면 요한 세바스찬 바흐 Johann Sebastian Bach, 1685~1750도 빠지지 않는다. 바흐는 커피와 관련 이런 말을 남겼다.

모닝커피를 마시지 않으면 나는 단지 바싹 구워진 양고기 한 조각에 지나지 않는다.

바흐는 라이프치히 성 토마스 교회에서 27년을 오르간 연주자로 복무했다. 라이프치히는 교통의 요지로 독일에서 일찍부터 상업도시로 발달해 박람회가 자주 열렸다. 라이프치히는 유럽 도시들 중 카페가 일찍 생긴 도시로 꼽힌다. 커피하우스 '카페 바움'은 16세기에 문을 열었다.

또한 바흐는 〈커피 칸타타〉를 작곡했다. 커피를 마시지 못하게 하는 아버지와 커피 없이는 못 산다고 버티는 딸. 커피를 놓고 벌이는, 절대 가볍지 않은 부녀간의 갈등을 희극적으로 그린 것이 〈커피 칸타타〉다. 기호식품인 커피가 소재가 되어 칸타타가 작곡되었다는 사실에서 우리는 당시 라이프치히 사람의 일상에서 커피가 차지하는 비중을 미뤄 짐작할 수 있겠다.

독일어를 몰라도 〈커피 칸타타〉를 듣다 보면 입가에 미소가 번진다.

Episode 22

스타벅스와 모비딕

아메리카노

전업 작가로 활동하면서 처음 만나는 사람들이 똑같이 던지는 질문이 있다.

"글은 어디서 쓰세요? 집필실은 따로 있으시죠?"

"아뇨. 그냥 여기저기서 씁니다."

기자와 작가를 병행할 때, 주말마다 집 근처 카페들을 전전했다. 주로 서래마을과 방배동의 카페였다. 그 카페들은 서래마을의 카페베네, 스타벅스, 탐앤탐스, 마노핀, 방배동의 콘티고다. 그중 카페베네와 콘티고에서 12년 이상 주말을 보냈다. 나의 고독을 지켜본 공간인 카페베네, 콘티고, 마노핀은 사라져 버렸다.

9년 전 거처를 북한산 산동네로 옮겼다. 요즘은 동네 카페나, 광화문 카페를 그날 아침, 기분 내키는 대로 이용한다. 나름 소박한 노마드^{nomad}를 실천하는 중이다.

광화문 카페는 수년간 새문안교회 옆의 투썸플레이스를 애용했다. 공간이 비교적 여유가 있어 즐겨 찾곤 했다. 그런데 이곳보다 마음에 드는 공간을 지인의 소개로 알게 되었다. 지하철 3호선 경복궁역에서 가까운 '스타벅스 리저브^R'다. 내가 이곳을 좋아하게 된 것은 커피 맛 때문이 아니다. 스타벅스 커피만을 마신다는 사람도 있지만 나는 미각이 둔감해 커피 맛을 감별해 낼 줄 모른다. 단지, 중세의 수도사들처럼 각성 효과를 얻기 위해 수면에 방해되지 않을 적당량의 카페인을 섭취할 뿐이다. 내가 카페를 선택하는 기준은 딱 한 가지, 작업 분위기다. 인테리어와 조명, 몰입을 방해하지 않는 안정적 데시벨의 소음, 노트북을 이용하기에 편리한 테이블과 의자다.

이곳에 들어와 자리를 잡고 노트북을 켜면 머리가 명징^{明澄}해지곤 한다. 문서 작업을 하는 고객들을 배려한 두 개의 길고 널찍한 테이블이 단골석이다. 이 테이블에는 노트북을 사용하는 사람들만 모여 있어 분위기를 깨는 사람들을 만나지 않을 가능성이 높다. 그 자리에 앉기만 하면 금방 냉철한 마음의 평정을 얻는다.

이 스타벅스 R에 갈 때마다 미국 소설가 허먼 멜빌^{Herman Melvill, 1819~1891}을 떠올린다. 2019년은 멜빌이 태어난 지 200년이 되는 해였다. 영미권 언론에서는 이미 멜빌의 문학을 재조명하는 특집 기사를 많이 다뤘다.

기사의 결론은 대개 비슷했다.

멜빌이 태어난 지 200년이 됐지만, 그의 문학은 지금 더 유효하다.

멜빌은 매우 특이한 이력의 소설가다. 1819년 미국 뉴욕에서 태어난 그는 13세 때 가세가 기울면서 학교를 그만두게 된다. 생활 전선에 내몰려 허드렛일을 하며 살아가던 중 스무 살에 우연히 상선을 탄다. 2년 뒤에는 돈벌이가 좋은 포경선 선원이 된다. 3년여 포경선 경험에 이어 그는 다시 미 해군에 입대해 5년간 남태평양을 누볐다.

멜빌이 세계문학에서 높이 평가받는 이유는 여섯 번째 작품《모비딕》으로 인해서다. 《모비딕》은 고래잡이 전성기이던 19세기 포경업을 다룬 소설이다. 고래·포경선 백과사전이라 불릴 만큼 이 소설에는 풍부한 고래잡이 지식이 펼쳐진다. 포경밧줄, 작살던지기, 작살걸이, 고래해체 작업, 고래고기 요리… 상상조차 힘든 이야기들이 생동감 넘치게 묘사된다. 《모비딕》은 소설 속에 등장하는 흰색 향유고래 이름이다. 이 소설이 처음 한국에 번역되었을 때 '백경白鯨'으로 소개되기도 했다.

주인공은 백인 선장 에이해브Ahab. 40년 넘게 포경선을 탄 에이해브는 모비딕을 잡으려다 한쪽 다리를 잃었다. 고래 뼈로 만든 의족을 한 채 지팡이를 짚고 다니는 에이해브는 모비딕에 대한 복수의 일념으로 살아가는 사람이다. 얼굴은 음울하고 눈빛은 광기狂氣로 이글거린다. 포경선 피쿼드호 선원들의 안전 따위는 안중에도 없고 오로지 모비딕 사냥에만 눈이 벌겋다. 결국 에이해브는 대양에서 모비딕을 만나 사투를 벌이고, 그 셋째 날 고래와 함께 바닷속으로 사라진다. 소설의 화자話者인 '나'를 제외한 전원이 수장水葬된다.

주인공 에이해브 옆에서 조연 역할을 하는 사람이 1등 항해사 스타벅starbuck이다. 스타벅은 선장과 달리 냉철한 사람이다. 늘 이성적인 판단을 한다. 선장의 편집광적 광기에 맞서 언제나 지혜롭고 합리적인 의견을 제시한다. 두 사람은 대조적인 성격 때문에 시종 갈등 관계를 형성한다.

(에이해브) 나를 완전히 망가뜨려서 영원히 가련한 절름발이 느림보로 만들어 버린 게 그 망할 놈의 흰 고래지! 나는 희망봉을 돌고, 혼곶을 돌고, 조류가 소용돌이치는 노르웨이의 앞바다를 돌고, 지옥의 불길을 돌아서라도 녀석을 쫓아갈 것이다.

(스타벅) 말도 못 하는 멍청한 짐승에게 복수라뇨! (…) 멍청한 짐승 때문에 격분하는 건 말이죠. 에이해브 선장님, 제게는 신성모독으로 보입니다.

선원들은 분노를 조장하는 선장의 선동에 휩쓸려 레밍lemming처럼 우르르 몰려다닌다. 하지만 스타벅의 진언에도 불구하고 이성을 상실한 에이해브는 자신의 잘못을 인정하지 않는다. 선장실에서 에이해브로부터 모욕을 당한 스타벅이 방을 나서려다가 선장에게 말한다.

(스타벅) 선장님은 저를 모욕한 게 아니라 격분하게 했습니다. 하지만 그러니 스타벅을 조심하라는 부탁은 드리지 않겠습니다. 웃으실지 모르겠지만, 에

이해브는 에이해브를 조심해야 합니다. 당신 스스로를 조심하세요, 영감님.

피쿼드호의 비극은 오늘날 민주정치가 '포퓰리스트populist' 선동가에 의해 휘둘려지는 것과 흡사하다.

스타벅스는, 알려진 것처럼 1971년 미국 항구도시 시애틀에서 태어났다. 창업자 4인이《모비딕》의 애독자였다. 처음에는 소설의 포경선 이름을 따 '피쿼드'로 하자는 얘기가 나왔다가 다른 동업자가 1등 항해사 '스타벅'을 고집해 그 이름에 's'를 붙여 스타벅스가 되었다.

스타벅스는 브랜드명은 물론 로고까지 지중해 해양 문명의 영향을 받았다. 스타벅스의 심벌 한가운데에 머리를 풀어 헤친 여인의 모습이 보인다. 찬찬히 보면 머리 위에 배를 얹고 있다. 그리스 신화에 등장하는 '세이렌Siren'이다.

세이렌은 아름다운 노랫소리로 선원들을 매혹해 배를 난파시킨다는 반인반어半人半魚의 바다 미녀. 사람들은 공습경보가 울리면 지하실이나 지하철 승강장 같은 곳으로 대피한다. 공습경보를 가리켜 우리는 '사이렌'이라고 부른다. 사이렌의 노래가 흘러나오면 정신을 바짝 차리고 몸을 숨기는 뱃사람들의 습성을 따라하는 것이다.

《모비딕》2019은 1956년 그레고리 펙 주연의 영화로도 만들어졌다. 광기 서린 그레고리 펙의 연기가 오래 기억되는 영화다. 가수 밥 딜런은 자신에게 가장 지속적인 영향을 끼친 세 작품 가운데 하나가《모비딕》이라고 말하기도 했다.《모비딕》을 출간한 문학동네에서는 '이 책이야말로 문학이 도달할 수 있는 무게와 깊이의 한 표본'이라고 평가했다.

 로마가 하루아침에 세워지지 않은 것처럼 카페의 스타일이 완성되는 데는 오랜 시간의 축적이 필요하다. 카페 경영자의 가치와 철학이 에스프레소에서부터 모든 것에 스며들때 스타일이 비로소 완성된다. 돈벌이를 뛰어넘는 그 무엇이 있어야 한다. 전 스타벅스 CEO 하워드 슐츠^{Howard Schultz, 1953~}는 스타벅의 냉철한 이성을 무형^{無形}의 스타일로 만드는 데 성공한 것 같다. 스타벅은 선장으로부터 존중받지 못했지만 나는 스타벅스에 갈 때마다 내가 존중받는 듯한 느낌을 받는다.

Episode 23

악마의 음료
모카커피

에티오피아가 원산지인 커피가 유럽에 전파된 경로는 매우 복잡하다. 커피의 검은 마력^{魔力}을 가장 먼저 알아버린 곳은 이슬람 세계였다. 무슬림에게 커피는 종교와 같았다. 가브리엘 대천사가 무함마드에게 전해주었다는 음료가 바로 커피다.

    지구상 최초의 카페는 16세기 이스탄불에서 생겨났다. 콘스탄티노플을 함락시킨 오스만 투르크 제국은 기독교 도시에 커피를 소개했고, 1554년 이스탄불에 커피하우스 키바 한kiva han가 문을 열었다.

    커피가 유럽 세계에 알려진 것은 13세기 십자군 전쟁에 의해서다. 이른바 지중해 루트다. 커피를 처음 맛본 베네치아 상인들은 어리둥절했다. 왜 이렇게 정신이 말똥말똥해지지. 이 때문에 가톨릭 사제들은 커피를

'악마의 음료'로 규정하며 금지시켜야 한다고 교황청에 청원했다. 하지만 커피 맛을 알아버린 교황은 오히려 반대로 나갔다.

베네치아는 이슬람 음료가 지중해 루트를 통해 기독교 세계에 전파되는 관문이었다. 그 상징적 공간이 산마르코 광장의 플로리안 카페다. 베네치아 다음으로 커피가 정박한 곳은 항구도시 마르세유. 하지만 커피는 오랜 세월 파리로 진출하지 못한 채 마르세유와 그 주변을 서성거렸다.

이슬람 음료가 유럽에 전해진 또 다른 경로는 중부유럽 루트. 아프리카 북부와 이베리아반도까지 진출한 오스만 투르크 제국은 신성 로마 제국을 탐했다. 신성 로마 제국의 수도인 빈Wien만 점령할 수 있다면 이슬람의 세계 제패가 이루어진다. 1683년 오스만 투르크군은 발칸반도를 도륙하고 중부 유럽을 향해 치고 올라간다. 파죽지세의 오스만 투르크군은 합스부르크 왕조의 심장인 빈에서 발목이 잡힌다. 약 2개월간 숙영하며 성곽 요새를 공격했지만 합스부르크 군대는 꿈쩍도 하지 않았다. 빈이 이슬람으로부터 기독교 세계를 지켜준 것이다. 오스만 투르크군은 퇴각하면서 이슬람 음료와 음악 등을 합스부르크 제국에 남겼고, 1684년 빈에 커피하우스가 생겼다. 빈은 멜란지, 아인슈패너, 프란치스카너 같은 독특한 커피를 탄생시키며 그들만의 카페 문화를 정착시켰다.

에티오피아산産 커피가 지중해를 거쳐 유럽으로 흘러 들어가는 경로를 다시 되짚어보자. 커피나무는 예나 지금이나 적도 기준으로 북위 25도와 남위 25도 사이에서 자란다. 커피 원두를 자체 생산하는 게 불가능한 유럽은 커피를 수입에 의존할 수밖에 없었다.

　유럽의 커피 수요가 늘면서 커피 무역의 중심으로 등장한 곳이 중동 국가 예멘이었다. 커피 무역이 돈이 된다는 것을 알아차린 예멘의 유대 상인들은 커피의 수출항을 한 곳으로 특정한다. 그래야만 커피 무역을 통제하고 독점할 수가 있어서다. 그곳이 예멘의 모카^{Mocha} 항이다. 커피 원두가 담긴 자루들은 예멘의 모카항에 집결되었다. 모카항에서 범선에 실린 커피 자루는 홍해를 타고 올라가 지중해를 종단해 베네치아와 마르세유로 향했다. 일부는 네덜란드 상인의 주문을 받아 네덜란드로 향했다. 그 결과 오랜 세월 유럽인에게 모카는 커피의 대명사이면서 고급 커피 브랜드의 이음동의어였다.

　모카항은 바다에 모래가 퇴적되어 항구의 기능을 오래전에 상실했다. 그럼에도 커피 수출항으로 한 시대를 구가한 모카항의 명성은 흔적이 남아 있다. 커피 전문점 메뉴판의 모카 커피가 그것이다.

　18세기에 이르러 유럽의 기독교 국가들은 대부분 커피 맛을 알게 된다. 이슬람의 음료인 커피가 마침내 세계화에 성공한 것이다. 커피 재배지 역시 아프리카를 벗어나 인도네시아를 중심으로 한 동남아시아, 중남미로 확산되었다. 탈脫아프리카에 결정적으로 기여한 이들이 네덜란드 동인도회사 상인이었다. 인도네시아 자바섬에 동인도회사를 세운 네덜란드 상인은 마침내 커피나무를 자바섬에 이식하는 데 성공한다.

　내가 이슬람 음료인 커피가 세계화되는 경로를 되밟아 보게 된 이유는 예멘의 후티 반군으로 인해서다. 이란의 지원을 받는 후티 반군이 홍해를 지나는 화물선을 공격해 세계 물류에 악영향을 끼치고 있다는 뉴스 때문이다. 수에즈-홍해길은 세계 물류의 12%를 점한다.

지난 추석 연휴 때 직장에 다니는 아들이 미국 서부를 여행했다. 아들이 시애틀 여행 기념품으로 내놓은 것이 '파이크 플레이스$^{Pike\ Place}$ 1912' 텀블러였다. '파이크 플레이스 1912'는 스타벅스가 처음 문을 연 주소. 이제 이곳은 시애틀을 찾는 세계인의 명소다. 최고는 경신되지만 최초는 깨지지 않는다. 스타벅스 탄생지를 찾는 사람은 기념품을 하나씩 사는데, 그중 하나가 '파이크 플레이스 1912'가 새겨진 텀블러다.

알려진 대로 미국의 커피 브랜드는 모두 출생지가 서부 해안이다. 스타벅스는 시애틀, 블루보틀 피츠커피는 샌프란시스코, 스텀프타운은 포틀랜드다. 우연치고는 이상하지 않은가. 모든 문화 현상은 그곳의 환경과 밀접한 관련이 있다. 언뜻 생각난 것은 미국 서부는 아마존, 구글, 애플, MS 같은 글로벌 테크기업이 탄생한 곳이라는 점이다.

샌프란시스코는 1960~70년대 히피 운동의 중심지였다. 우리가 아는 것처럼 히피 운동은 20세기 후반에 세계적인 영향을 미쳤다. 문화 트렌드의 본향에 산다는 자긍심이 강한 샌프란시스코 사람들은 특별한 커피를 갈망했다. 이런 성향이 테크 기업 종사자들의 취향과 맞물리면서 '새로운 커피'를 탄생시켰다.

시애틀과 샌프란시스코는 세계 원두 생산지와 거리가 가깝다. 라틴 아메리카나 동남아시아에서 생산된 원두가 빠르게 접항할 수 있는 곳이 미국 서해안이다. 로스터 입장에서는 신선한 원두를 마음껏 음미할 수 있는 게 무엇보다 중요하다.

커피 연구가들은 여기에 날씨라는 요소를 추가한다. 서해안 지역의 으슬으슬한 날씨와 상관이 있다는 것이다. 시애틀은 비가 자주 내리기로 유명하다. 유머의 백과사전으로 불리는 마크 트웨인 Mark Twain, 1835~1910은 샌프란시스코의 여름 날씨와 관련해 유명한 말을 남겼다.

내가 경험한 가장 추운 겨울은 샌프란시스코의 여름이었다.

세계인은 크게 두 종류의 커피를 마신다. 진한 커피와 연한 커피다. 진한 커피는 건조지대에 걸쳐진 이슬람 국가에서 주로 마시는, 혀끝에서 원두 가루가 으지직거리는 쓴 커피다. 고온고압으로 추출하는 에스프레소도 진한 커피 계열이다. 연한 커피의 대명사는 한국인이 애정하는 아메리카노다. 커피에 우유, 크림, 코코아 같은 것을 넣어 만드는 커피도 연한 커피류에 해당한다.

커피는 기호식품의 하나지만 모든 기호식품을 초월한다. 이제는 커피 없이 단 하루도 살지 못하는 세계인이 늘고 있다.

Episode 24

푸시킨의 마지막 결투

레모네이드

러시아에서 지명과 동상에 가장 많이 등장하는 인물이 알렉산드르 푸시킨Aleksandr Pushkin, 1799~1837이다. 상트페테르부르크는 '푸시킨의 도시'다. 곳곳에 푸시킨 동상이 세워져 있다. 중심가의 지하철 역명도 '푸시킨스카야'다.

푸시킨은 외무성 관리 시절 자신의 시 '자유'로 인해 반역혐의로 체포된다. 보통의 정치범이었다면 그는 99.99% 시베리아로 보내졌을 것이다. 그러나 푸시킨 집안은 명문가였다. 아버지가 아들의 감형을 위해 뛰어다녔고, 결국 황제 니콜라이 1세를 움직이는 데 성공했다. 유형지가 시베리아에서 키예프(키이우)로 변경됐다. 지금 기준으로 보면 키예프가 무슨 유배지냐고 생각할 수도 있겠다. 전제정치 사회에서는 황제가 있는 곳에서 멀면 멀수록 유형지 급수가 높아졌다. 1820년 그는 현재 우크라이나의 수도인 키이우로 보내졌다. 이후 그는 1826년까지 키시네프, 오데사, 미하일롭스코예를 자유롭게 떠돌았다.

권력의 변경에서 보낸 6년. 이 6년의 유배가 푸시킨 문학을 심화시켰다. 페테르부르크라는 권력의 중심에 있었으면 도저히 경험할 수 없는 것들을 그는 권력의 변경에서 보고, 느끼고, 눈 떴다. 특히 모스크바와 가까운 미하일롭스코예에 머물면서 1773년에 일어난 푸가초프 난에 관심을 갖게 된다.

예멜리얀 푸가초프 Yemelyan Pugachev, 1773~1775가 농노해방과 인두세 폐지를 주장하며 일으킨 무장 농민 봉기가 푸가초프 난이다. 비록 2년 만에 진압되었지만 농노해방을 부르짖었다는 사실로 인해 푸가초프는 농노와 하층민들 사이에서 전설이 되었다. 푸시킨은 푸가초프라는 인물에 매료되었고, 그와 관련된 자료를 모아나갔다. 그렇게 십여 년이 흐른 1836년에 탄생한 소설이 《대위의 딸》이다.

페테르부르크에는 푸시킨을 느끼고 교감을 나눌 수 있는 공간이 여럿 있다. 그중에서 대표적인 네 곳을 가보자. 첫 번째로 찾아갈 곳은 개혁군주 표트르 대제 동상이다. 남편을 폐위시키고 황제 자리에 오른 예카테리나 대제 Екатерина II, 1729~1796는 1782년 자신이 표트르 대제의 영광을 계승한다는 의미로 이 동상을 헌정했다. 표트르 대제 동상은 네바강을 응시한다. 푸시킨이 이 동상에서 영감을 받아 1833년에 쓴 시가 〈청동의 기사〉다. 시인은 러시아인들이 개혁군주로 칭송해 마지않는 표트르 대제의 잔인한 면을 조명해 비판했다. 이후 이 동상은 〈청동의 기사〉로 불리며 러시아인의 정신에 자리 잡는다.

제2차 세계대전 당시 레닌그라드로 불렸던 페테르부르크는 독일군에게 900일간 봉쇄 공격을 받았다. 900일간의 항전은 여러 가지 감동적인 실화實話를 남겼다. 그중 하나가 〈청동의 기사〉와 관련된 이야기다. 시민들은 식량 부족으로 굶주리면서도 이 동상을 지키려 눈물겨운 노력을 기울였다. 나무틀을 9m 높이로 세우고 그 안을 모래주머니로 채웠다. 〈청동의 기사〉는 거대한 모래주머니 방공호 속에서 900일을 버텨낸 것이다.

페테르부르크에서 서울의 광화문통과 같은 거리가 네프스키 대로다. 이 거리에는 1815년 문을 연 유서 깊은 '문학 카페'가 있다. 이곳은 러시아의 문인들과 명사들이 애정하는 카페다.

1837년 1월 27일 오전, 푸시킨은 하인과 함께 자택에서 5분 거리에 있는 문학 카페로 나갔다. 푸시킨은 고정석인 2층 창가 자리에 앉아 비서를 기다리며 레모네이드 한 잔을 주문했다. 푸시킨은 붉은 색 과일주스인 레모네이드를 마시며 창문 아래로 얼어붙은 모이카 강을 내려다보았다. 잠시 후 비서가 카페로 들어왔고 두 사람은 대기한 썰매 마차를 타고 약속 장소로 달리기 시작했다. 위대한 시인은 이성을 잃었다. 치밀어 오르는 분노가 눈을 가렸다. 내가 이놈을! 감히 내 아내를 모욕하다니. 상대는 기병 장교 조르주 단테스 Georges d'Anthès, 1812~1895였다.

사연은 이렇다. 푸시킨의 아내 나탈리아 곤차로바^{Nataliya Pushkina-Lanskaya, 1812~1863}는 절세의 미인이었다. 시인의 불행은 아내가 너무나 아름답다는 데서 비롯되었다. 아내에 관한 이상한 소문이 퍼졌다. 급기야는 집에 익명의 편지가 배달되었다. 편지는 한 번으로 끝나지 않았다.

곤차로바가 기병 장교 단테스와 밀회를 즐긴다.

푸시킨은 단테스에게 결투를 신청했다. 하지만 이를 미리 안 지인이 중재해 결투는 이뤄지지 않았다. 이렇게 일단락되는가 싶었다. 하지만 단테스가 곤차로바의 언니와 결혼하면서 일은 더 복잡하게 얽힌다. 단테스가 더 무례하고 노골적으로 곤차로바에게 치근덕거렸다. 단테스는 푸시킨이 자신을 질투하고 있다고 헛소문을 퍼트렸다. 푸시킨은 아내를 모욕하는 단테스를 도저히 보고만 있을 수가 없었다. 결투가 이뤄졌다.

당시 유럽 사회에는 개인 간에 명예 결투의 전통이 뿌리 깊었다. 권총이 보급되면서 명예 결투가 심심찮게 벌어졌다. 운문 소설 《예브게니 오네긴》에서도 명예 결투 장면이 나온다.

결투 장소는 시 외곽의 들판. 지금은 지하철과 도보로 35분 밖에 걸리지 않는다. '체르나야 레츠카' 역에 내리면 승강장 한쪽에 어떤 남자의 동상이 기다리고 있다. 푸시킨이다. 이 지하철역 부근에 역사적인 장소가 있다는 뜻이다. 결투 장소까지는 도보로 20여 분이 걸린다.

공원 이름은 '결투 공원' 오벨리스크 같은 뾰쪽한 탑이 서 있고, 중간쯤에 푸시킨의 얼굴 부조가 박혀 있다. 탑 기단부에는 시인의 생몰연대가 날짜까지 명기되어 있다. '결투 공원'은 페테르부르크를 처음 찾는 세계의 문인들의 필수 코스다.

단테스는 장교였고, 푸시킨은 시인이었다. 푸시킨은 권총을 빼는 데 민첩하지 못했다. 푸시킨은 복부를 움켜쥐며 쓰러졌다. 눈밭이 붉게 물들었다. 푸시킨은 피를 흘리며 하인이 모는 썰매마차를 타고 한 시간 만에 자택에 도착했다. 주치의가 달려왔지만 총상이 너무 깊었다. 시인이 총상을 입고 위독하다는 소식이 알려지자 집 앞 골목길에는 시민들이 몰려들어 그의 회복을 기도했다. 주치의는 매 시각마다 정문에 푸시킨의 용태를 게시했다. 결국 시인은 1월 29일 눈을 감는다.

푸시킨은 레모네이드를 마시면서 자신이 결투에서 죽을 수도 있다는 생각을 했을까. 그의 갑작스러운 사망은 러시아 전체를 충격에 빠트렸다. 어떻게 이런 일이 벌어질 수 있다는 말인가. 페테르부르크, 모스크바와 같은 대도시 시민들은 그의 죽음을 애도해 한동안 상복을 입고 다녔다. 장례식이 끝난 뒤 단테스는 사병으로 강등되고 러시아에서 추방당했다.

동시대 작가 니콜라이 고골^{Nikolai Gogol, 1809~1852}은 푸시킨을 추도하는 글을 잡지에 기고했다.

러시아는 푸시킨의 천재성이 삶의 시련과 깊은 사색의 단계를 거치면서 성숙하여 비로소 최고의 힘을 발휘하게 된 바로 그때 그를 잃었다. 이것은 돌이킬 수 없는, 또 무엇으로도 보상받을 수 없는 손실이다.

볼프강 아마데우스 모차르트^{Wolfgang Amadeus Mozart, 1756~1791}는 서른다섯에, 푸시킨은 서른여덟에 각각 눈을 감았다. 모차르트 연구가들은 모차르트가 10년만 더 살았으면 후대의 음악가들은 쓸 곡이 없어졌을 거라고 말한다. 푸시킨은 문학의 모차르트였다. 시, 소설, 운문 소설, 운문 희곡 등 장르 구분 없이 모든 분야에서 최고의 작품을 쏟아냈다. 푸시킨을 러시아 문학의 태양이라고 부르는 이유다. 러시아의 괴테이며, 러시아의 호메로스가 푸시킨이다. 도스토옙스키와 톨스토이를 만나려면 먼저 푸시킨이라는 준령峻嶺을 넘어야 한다. 림스키 코르사코프, 차이콥스키 같은 작곡가들은 푸시킨 작품에 영감을 받아 오페라 곡을 써냈다.

푸시킨 묘지는 미하일롭스코예에 있다.
묘비에는 이런 말이 새겨져 있다.

푸시킨이 살아서 우리에게 다시 돌아오리라.

Episode 25

밀워키 광고를 보다가

밀러 맥주

밀워키Milwaukee. 미시간호湖에 면한 위스콘신주의 도시, 아메리카 원주민 말로 '좋은 땅'이라는 뜻이다. 내 인생에서 '밀워키'를 처음 알게 된 것은 프로야구를 통해서다. 1982년 개막한 프로야구에서 원년 우승팀은 OB 베어스. 현재의 두산 베어스다. KBO리그 첫해 MVP가 투수 박철순이다. 박철순은 1982년 역사적인 프로야구 첫해에 여러 가지 진기록을 남겼는데, 그중에서 지금까지 깨지지 않는 기록이 22연승이다.

야구장에서 박철순의 모든 행동은 주목받았다. 메이저리그를 경험한 최초의 한국인이었기 때문이다. 알려진 대로, 박철순은 밀워키 브루워스Milwaukee Brewers 산하 마이너리그에서 1980년부터 1981년까지 1년을 뛰었다. 하지만 '빅 리그'의 마운드를 한 번도 밟아보지 못한 채 돌아왔다. 비록 메이저리그 무대를 경험하진 못했지만, 그가 야구장에서 보여준 모든 움직임은 곧 선진 야구의 아우라로 비쳤다.

나는 그렇게 박철순으로 인해 '밀워키 브루어스'라는 메이저리그 팀을 알게 되었다. 밀워키 브루어스는 1970년부터 MLB 아메리칸 리그에 참여했다. 신생 약체팀이다 보니 당시 한국의 박철순에게까지 기회가 주어졌던 것으로 보인다.

내가 맥주를 좋아했다면 밀워키 브루어스Brewers에서 밀러Miller 맥주로 자연스럽게 관심이 옮겨갔을지도 모른다. 프로야구팀 이름에 '맥주 양조 회사들'이라니?

밀워키의 주류 민족은 독일계다. 백인 44.8%, 아프리카계 40%, 아시안 3.5%. 이중 백인을 다시 출신지별로 세분하면 독일계 20.8%, 폴란드계 8.8%, 아일랜드계 6.5%, 이탈리아계 3.6% 순이다. 이러한 비율은 미국 전체로 확대해도 비슷하다. 〈세계인문여행〉 2020.11.5. "미국에서 독일계가 1위인 까닭?" 참조

19세기 들어 대서양을 건너온 독일인들이 미대륙 중앙부로 흘러 들어갔다. 미국 동부 지방은 이미 영국계와 아일랜드계가 차지하고 있어 후발 이민자들이 독자적인 공동체를 형성하기가 힘들었다. 이들은 미국 독립전쟁 당시 영국군의 용병으로 참전했다가 중앙부에 눌러앉은 독일계의 연고지를 찾아 내륙으로 향했다. 맥주의 천국에서 신대륙에 온 독일인들이 자신 있게 할 수 있는 일은 맥주 제조였다. 이들은 본국에서 배운 맥

주 제조 기술을 미국 땅에서 다시 꽃피우려 했다.

비옥한 미국 중부 지방은 맥주의 원료인 호프^{hops}를 재배하는 데 천혜의 환경이었다. 유럽산 호프씨를 들판에 뿌려놓기만 하면 저절로 자라 열매를 맺었다. 맥주는 호프의 성숙한 암꽃이삭으로 제조한다. 무궁무진한 질 좋고 값싼 원료를 바탕으로 1840년대부터 본격적인 맥주 제조가 시작됐다. 밀워키에는 1856년까지 12개의 맥주 회사가 미국 시장을 놓고 각축을 벌였다. 밀워키산 맥주가 기차에 실려 미국 동부로 팔려나갔다.

밀워키는 1981년까지 세계 최대의 맥주 양조 능력을 자랑했다. 세계 최대의 브루어리(양조장)가 네 개나 됐다. 밀러, 팝스트, 쉴리츠, 블라츠. 밀워키는 곧 독일 맥주의 이음동의어였다. 이들 '빅 4' 중 세월의 부침 속에서 살아남은 것이 밀러였다. 밀러 맥주는 옥수수 맛이 혀끝에서 미세하게 느껴진다는 점이 특징이다. 옥수수를 발효 과정에서 혼합해 밀워키 맥주 고유의 향을 얻었다. 밀러의 생산량은 미국에서 2번째다. 그러니 밀워키를 연고지로 하는 프로야구팀 이름에 '브루어스'가 들어간 것은 자연스러운 일이다.

MLB에는 밀워키 브루어스처럼 원주민 어원을 팀 이름으로 쓰고 있는 구단이 여러 개다. 류현진이 선발 투수로 활약했던 아메리칸 리그의 토론토 블루제이스^{Toronto Blue Jays}. 토론토는 '풍부한 곳', '물속에 나무가 서 있는 곳'이라는 원주민 말에서 기원한다.

미네소타 트윈스Minnesota Twins는 미네소타 미니애폴리스를 연고지로 하는 팀이다. 미네소타는 원주민 다코타 부족의 언어로 '맑고 푸른 물'이라는 뜻. 미네소타는 북미에서 호수가 가장 많은 주다. 1만 1,842개나 된다. 그래서 미네소타의 별명이 '일만 호수의 땅'이다. 미네소타주 자동차 번호판에는 'Land of 10,000 Lakes'라는 별칭이 쓰여 있다.

한때 김병현이 투수로 뛰었던 애리조나 다이아몬드백스Arizona Diamondbacks. 다이아몬드백스는 사막에 사는 방울뱀을 지칭한다. 애리조나는 역시 원주민의 말에서 기원한다. 이 지역의 소노라 사막에 살던 원주민 부족의 언어로 '작은 봄'을 뜻하는 말이 '알리 소낙'이다. 스페인 정복자들이 '알리 소낙'을 스페인어 'Arizona'로 표기하면서 '애리조나'라는 지명이 세상에 태어났다.

시카고에는 메이저리그 팀이 두 개다. 시카고 화이트삭스Chicago White Sox와 시카고 컵스Chicago Cubs. '시카고' 역시 원주민 언어에서 기원한다.

이렇게만 하고 넘어가면 신시내티 레즈Cincinatti Reds를 빠트린 게 아니냐는 지적이 나올 수 있겠다. 1869년 미국 프로야구 최초의 팀 레드 스타킹스Red Stockings가 신시내티에서 태어났다. 얼핏 들으면 신시내티도 원주민 말에서 나왔다고 생각하기 쉽다. 영어, 프랑스어, 스페인어 어원 지명과는 거리가 멀어서다.

신시내티는 라틴어가 그 뿌리다. 고대 로마의 군사 지도자이자 독재관

루키우스 킨킨나투스^{Lucius Cincinatus, B.C. 519~430}. 외적의 침략으로 백척간두에 놓인 로마를 구한 후 막강한 권력을 포기하고 표표히 초야에 묻힌 정치가. 로마 제국의 가치를 구현한 정치인의 표상으로 기려지는 인물이다. 독립전쟁에서 승리한 미국인들은 공화정을 실현한 후 스스로 권력에서 내려온 조지 워싱턴을 고대 로마의 킨킨나투스에 비유했다.

독립전쟁 직후 이 도시의 지명은 로잔빌. 이 지역의 총독으로 부임한 아서 클레어는 조지 워싱턴 보좌관 출신. 그는 도시 이름을 바꾼다. 조지 워싱턴에 대한 존경의 표현으로 킨킨나투스를 영어식으로 바꾼 게 신시내티다.

전동 공구 밀워키 광고가 TV와 인터넷에 갑작스럽게 노출 빈도가 많아졌다. 아마존에서 밀워키를 직구해 공구 사용 후기를 인터넷에 올리는 소비자들도 자주 보인다. 전동 공구 밀워키에서 프로야구팀 '밀워키 브루어스'와 독일맥주를 떠올렸다.

Episode 26

마르틴 루터와 스메타나는 무엇으로 통하나

아인베크와 필센 맥주

〈나의 조국^{Má vlast}〉이 없는 보헤미안을 상상할 수 있을까. 교향시 〈나의 조국〉을 작곡한 체코의 국민음악가 베드지흐 스메타나^{Bedřich Smetana, 1824~1884}. 모든 체코인이 숭앙하는 작곡가의 마지막은 안타까웠다.

말년의 스메타나는 매독 감염으로 고통을 겪었다. 귀가 들리지 않는 상황에서 완성한 작품이 〈나의 조국〉이다. 급기야 매독균이 뇌까지 침범해 정신발작을 일으켰다. 발작이 심해지자 유일한 혈육인 딸은 아버지를 프라하의 정신병원에 보내지 않을 수 없었다.

정신병원에 수감된 작곡가는 사실상 곡기를 끊었다. 지인들이 그를 면회할 때마다 먹을 것을 가지고 갔지만 그는 쳐다보지도 않았다. 그런 그가 눈을 감기 직전까지 목으로 넘긴 것이 있었다.

그가 죽기 보름 전, 작곡가를 면회한 지인은 스메타나의 딸에게 이런 짧은 서신을 보냈다.

스메타나는 식욕이 없어 일체 아무것도 먹고 있지 않습니다. 스메타나가 먹는 것은 맥주와 와인 밖에 없습니다.

돌이켜 생각해 보니 스메타나는 맥주와 떼려야 뗄 수 없는 운명이었다. 딸만 일곱 명을 둔 아버지는 세 번째 부인에게서도 연달아 딸 둘을 낳았다. 열 번째 자식이 스메타나다. 스메타나의 아버지 프란치세크는 리토미슐에서 가장 큰 맥주 양조장을 운영했다. 그 맥주 양조장 겸 살림집이 발렌슈타인 백작의 성城과 마주 보고 있었다. 강보에 쌓여 꼼지락거리던 갓난아기 때부터 스메타나는 맥주 냄새를 맡았다. 그의 배냇저고리에는 맥주 양조장 특유의 꼬릿꼬릿한 냄새가 배어 있었다.

아버지는 부유한 음악 애호가였다. 리토미슐에서 아마추어 바이올리니스트로 활동했다. 아버지는 아들이 음악에 재능이 있는 것을 발견하고는 바이올린의 기초를 가르쳤고, 음악 가정교사를 붙여줬다. 여섯 살 때 아들은 성에서 열린 음악 행사에 나가 바이올린을 연주했다.

스메타나는 열다섯에 프라하로 유학을 가게 되었다. 리토미슐에 비하면 프라하는 신세계이자 별천지였다. 스메타나는 매일 같이 음악회가 열리는 프라하의 문화생활에 눈과 귀가 홀렸다. 이런 세상이 있었구나. 노는 데 정신이 팔려 학교 공부를 등한시하다가 낙제를 했다. 이 소식을 들은 아버지가 크게 분노하며 스메타나를 소환했다. 리토미슐로 내려갈 위기에 처한 스메타나. 그때 사촌 형이 중재에 나섰다. 아버지를 설득해 그를 플젠의 김나지움으로 전학시키기로 한 것이다. 그는 플젠의 김나지움을 무사히 졸업한다.

스메타나가 김나지움 졸업장을 받은 도시 플젠^{Plzeň}이 바로 필스너^{Pilsner} 맥주의 고향이다. 맛있는 맥주로 세계에서 다섯 손가락 안에 꼽히는 필스너 맥주.

앞머리에 쓴 것처럼 한국인이 보헤미안 작곡가 스메타나를 기억하는 까닭은 〈나의 조국〉으로 인해서다. 그중에서도 제2곡 〈블타바^{Vltava}〉가 결정적이다. 정서적 배경이 다른 〈블타바〉에 우리가 크게 공감하는 이유는 강대국의 식민 지배를 받았다는 역사적 사실로 인한 동병상련이 아닐까 싶다.

우리에게는 교향시 전 6곡 중에서 제2곡 〈블타바〉의 멜로디가 각인되었지만 보헤미안과 체코인에게는 제5~6곡도 2곡 못지않게 사랑받는다. 제5곡은 타보르^{Tábor}, 제6곡은 블라니크^{Blaník}. 두 곡은 보헤미안 평원을 피로 물들인 종교개혁 운동 후스 전쟁^{Hussitenkriege, 1419~1434} 이야기다. 프라하 남쪽에 있는 작은 도시 타보르는 후스파 농민군이 최후까지 가톨릭군에 저항하다 옥쇄한 곳.

작곡가는 귀가 먹은 최악의 상태에서 애오라지 애국심에 기대어 교향시를 완성했다. 왜 그는 얀 후스^{Jan Hus, 1372~1415}가 일으킨 종교개혁운동

이야기를 애국 서사시에 썼을까.

얀 후스는 프라하 베들레헴 교회의 담임목사였다. 프라하대학에서 신학과 문학을 공부한 뒤 성직자의 길을 걷게 된 얀 후스. 그는 성서만을 유일한 권위로 인정하는 설교와 언행으로 프라하 시민들의 존경을 받았다. 이런 연장선상에서 그는 로마 가톨릭의 면죄부^{免罪符} 판매와 성직 매매를 비판했다.

모두가 침묵하고 있을 때 가톨릭의 타락과 부패를 정면 공격한 얀 후스. 교황청이 가만 있지 않았다. 교황청은 후스를 파문했다. 1415년 얀 후스는 콘스탄츠 공의회에 소환되었고 화형에 처해졌다. 이 소식을 전해들은 프라하의 지지자들이 의분을 참지 못하고 일어섰다. 농기구를 들고 가톨릭군과 맞서기 시작했다. 후스 전쟁은 1434년까지 장장 15년간 지속되었다.

제1차 세계대전의 한복판이던 1915년 프라하 구시가 광장에 얀 후스 동상이 세워졌다. 얀 후스 순교 500주년 기념상. 그날 이후 프라하 시민들은 구시가 광장을 오가며 동상을 쳐다본다. 불의^{不義}에 저항한 얀 후스의 정신을 되새긴다. 얀 후스의 저항 정신은 보헤미안의 DNA로 면면히 이어져 역사의 굽이마다 분출했다. 나치 점령기에는 체코 레지스탕스$^{La\ Résistance}$의 나치 총사령관 암살 사건으로, 공산 체제에서는 소련에 저항하는 대학생의 분신으로 표출되었다.

얀 후스가 화형된 지 100년이 흘렀건만 로마 가톨릭은 하나도 변한 것이 없었다. 여전히 성직은 매매되었고 면죄부가 팔렸다. 젊은 신학자와 신부들은 교황청의 타락과 횡포에 치를 떨었다.

독일 뷔르템베르크대학 신학 교수인 마르틴 루터^{Martin Luther, 1483~1546}도 그중 한 사람이었다. 서른네 살의 루터는 로마 가톨릭의 행태를 더 이상 보고만 있을 수는 없다고 결심한다. 1517년 95개조 요구사항을 작성한다. 하지만 막상 써 놓았으나 이것을 교회 외벽에 게시할 용기가 나지 않았다. 루터가 이러지도 저러지도 못한 채 주저하는 것을 비서가 옆에서 지켜보았다. 비서는 밖으로 나갔다가 루터에게 도자 맥주잔을 들고 왔다. 루터가 좋아하는 아인베크 맥주였다. 루터는 비서가 가져온 아인베크^{Einbeck} 맥주 1리터를 단숨에 들이켰다. 그리고 뷔템베르크 교회 벽면에 95개조 요구사항을 게시했다.

보헤미아에 이은 두 번째 종교혁명이 뷔르템베르크에서 시작되었다. 맥주가 세계사의 방아쇠를 당겼다.

Episode 27

지상 최고의 축제 옥토버페스트

생맥주

내가 글감을 찾는 방법의 하나는 지난 수첩을 한 장씩 넘기면서 수첩에 기록된 메모를 꼼꼼히 살피는 것이다. 메모는 날짜별로 그날 책이나 신문에서 읽었던 핵심 골자, 모임에서 얻은 지식이나 지혜를 적어놓은 것들이다. 메모하지 않으면 모든 건 사라진다. 명민하지 못한 내 경우는 더 그렇다. 총명불여둔필聰明不如鈍筆이라 했던가. 내가 이런 것까지 적어놓았구나 싶은 것들도 간간이 보인다. 이런 메모들을 다시 읽으며 행간의 의미를 들여다보다 보면 예상치 못한 곳에서 스파크가 튈 때가 있다.

2018년 수첩에서 10월을 펼쳤는데 '옥토버페스트'가 튀어나왔다. 그 옆에는 이런 메모도 보였다. 'Our Crew, Our October, Octoberman' 이것은 미국 메이저리그 월드시리즈를 보면서 메모한 것이다. 왜 '옥토버페스트'

라고 메모했을까. 끝내 그 까닭을 찾아내진 못했지만 한 가지 생각이 팍 스쳤다.

2020년 옥토버페스트Oktoberfest는 물 건너갔구나?

옥토버페스트는 세계 최대의 맥주 축제다. 옥토버페스트는 브라질의 리우카니발과 함께 세계 3대 축제에 들어간다. 옥토버페스트는, 코로나 시대의 어법을 적용하면, 밀폐된 공간에서 벌어지는 비말飛沫의 향연이다. 목이 꺾일 정도로 마시고 목이 터져라 소리치고 노래 부른다. 옥토버페스트는 떼창의 해방구다. 부산의 사직야구장을 세상에서 제일 큰 '야외 노래방'이라고 한다. 옥토버페스트는 세상에서 가장 큰 '실내 노래방'이다.

2020 옥토버페스트 취소! 어쩌다 한번 가는 외국인이야 아쉽다 정도로 끝나겠지만 독일인에게는 이건 보통 상실이 아니다. 옥토버페스트를 위해 최소 9개월 전부터 준비하는데.

옥토버페스트는 결혼식 피로연에서 기원한다. 1810년 10월 12일 바이에른 왕국의 황태자 루트비히와 작센 공국의 테레제 공주의 결혼식이 열렸다. 왕실은 뒤풀이로 결혼 당일부터 10월17일까지 성대한 축하연과 함께 민속경기를 열었다. 피날레로 기획한 게 경마였다. 이 경마 이벤트에 뮌헨 시민들이 열광했다.

왕실은 1년 뒤에 같은 날, 같은 장소에서 경마 경기를 열었다. 이후 매년 경마 경기가 열렸다. 여기에 지역의 소규모 맥주 축제가 자연스럽게 결합하면서 1819년부터 옥토버페스트라는 이름이 붙었다.

1810년에 시작된 옥토버페스트는 200년이 넘는 역사를 자랑한다. 이런 맥주 축제가 지금까지 열리지 않은 건 24회뿐이다. 콜레라 창궐, 프로이센-오스트리아 전쟁, 프로이센-프랑스전쟁, 제1차 세계대전, 제2차 세계대전 기간 중이었다.

옥토버페스트는 9월 중순부터 10월 첫 주까지 뮌헨의 테레지엔비제에서 펼쳐진다. 옥토버페스트 기간에 독일 중남부에서 기차를 타면 민속의상을 입은 성인남녀를 심심찮게 만날 수 있다. 고향의 전통의상을 입고 옥토버페스트에 참가하러 가거나 참가하고 돌아가는 사람들이다. 옥토버페스트는 독일 전통의상의 전시장이다. 옥토버페스트 기간에는 뮌헨 시내의 호텔 방값이 치솟는다.

이 축제를 즐기러 세계 각국에서 사람들이 몰려든다. 옥토버페스트의 참가자들은 대부분 독일인이다. 외국인들은 10~20% 정도다. 약 20일 정도의 축제 기간 동안 평균 600만 명 이상이 축제장을 찾는다고 한다. 축제가 펼쳐지는 공원 주변에는 경계가 삼엄하다. 정문의 경찰들은 작은 핸드백까지 샅샅이 살핀다. 경찰은 폭발물 탐지견을 동원해 만에 하나 있을지 모를 테러리스트들의 침입을 막는다.

나는 2017년 옥토버페스트 마지막 날을 가족과 경험했다. 뮌헨시가 선정한 파울라너, 아우구스티너 브로이, 뢰벤브로이, 슈파텐 브루어리 등 6

대 맥주 회사들은 분위기가 다른 특색 있는 천막들을 2~3개씩 설치해 손님들을 불러 모았다.

　나는 10여 개의 천막을 둘러보았다. 자리 예약을 하지 않아 앉을 곳을 찾기 위해서였다. 맥주 브랜드 이름은 기억나지 않지만, 첫 번째 천막에 들어갔을 때 입이 딱 벌어졌다. 수천 명이 닭장의 닭들처럼 다닥다닥 붙어 맥주를 마시며 왁자하게 떠들고 있었다. 맥주 브랜드가 유명할수록 대체로 천막도 크다. 어떤 천막은 길이가 축구 경기장만 했다. 한 텐트에 1만 명까지 입장한다는 말은 공연한 말이 아니었다.

　천막 크기는 맥주 회사의 규모에 따라 다르지만, 내부의 구성은 대동소이하다. 천막은 1층과 2층이다. 천막 중앙부에 대형 무대를 설치하는 것이 보통이다. 어떤 천막은 공연 무대를 2층에 설치하기도 했다. 로열석은 여느 공연장처럼 무대 바로 앞이다. 가수들의 표정과 춤을 생생하게 지켜볼 수가 있다. 1층 무대 주변의 로열석은 대부분 예약으로 자리가 매진된다. 로열석의 경우 기본 메뉴가 정해져 있다.

　나는 이 텐트 저 텐트를 탐색하다 뢰벤브로이 텐트를 선택했다. 맥주 맛은 잘 모르지만 브랜드가 낯익고 분위기도 좋아 보였기 때문이다. 1층은 문 입구에서부터 꽉 찼다. 2층으로 올라가 무대가 잘 보이는 곳에 세 사람이 겨우 자리를 잡았다. 이미 불콰해진 옆 테이블의 바이에른 사람들과 금방 친구가 되었다.

밴드가 연주하는 노래는 대부분 독일 노래다. 신기한 것은 처음 들어보는 노래들이고 가사도 알 턱이 없지만 흥이 나는 데는 아무 문제가 되지 않는다는 점이었다. 밴드는 간간이 올드 팝송을 배치한다. 이때가 되면 독일인과 외국인이 일제히 떼창을 부른다. 존 덴버의 〈테이크 미 홈, 컨트리 로드 Take Me Home, Country Roads〉, 닐 다이아몬드의 〈스위트 캐롤라인 Sweet Caroline〉, CCR의 〈프라우드 매리 Proud Mary〉 등. 떼창이 최고조에 이르는 곡은 가수가 〈스위트 캐롤라인〉을 부를 때다.

Hands,
touching hands
Reaching out,
touching me, touching you
Sweet Caroline oh, oh, oh
Good times never seemed so good…….

음식도 아주 훌륭하다. 전기구이통닭과 소시지가 가장 인기가 높은 메뉴다. 전기구이통닭은 내가 여태껏 먹었던 것 중 다섯 손가락 안에 들 정도였다. 민속의상을 입은 독일 여성들이 1000cc 맥주잔을 한 손에 세 개씩 번쩍번쩍 들고 계단을 오르내리는 모습에서 동양인의 눈이 휘둥그레졌다. 기념품을 파는 사람들도 가끔 지나다닌다. 스위치를 누르면 통닭 모양의 인형이 음악과 함께 뒷다리를 부딪치는 통닭모자도 하나 기념으로 샀다.

내가 가족과 뢰벤브로이 텐트에서 놀고 있을 때 페이스북 친구인 대학 동기가 옥토버페스트에 와있는 것을 페북에서 확인했다. 그는 마슈탈 텐트에서 지인들과 축제를 즐기고 있었다. 음악은 텐트의 밴드마다 확연한 차이를 보인다. 그는 "마슈탈 텐트에서는 테크노와 디스코 음악이 많이 나왔는데, 춤을 추느라 앉아 있는 사람들이 거의 없었다"라고 말했다.

내가 뢰벤브로이 텐트에서 머문 시간은 두 시간 반 정도. 나는 한 시간도 지나지 않아 목이 쉬었다. 나는 살면서 옥토버페스트에서처럼 신나고 즐거운 축제를 경험해 본 일이 없다. 맥주와 음악 앞에서 언어는 심리적 장애물이 되지 못했다. 텐트 안의 모든 사람은 맥주와 음악으로 하나가 되었다. 지금까지도 그때의 감흥이 생생하다. 내 인생에서 이와 비슷한 경험은 '2002 한일 월드컵' 때가 유일했던 것 같다. 그때 광화문 거리와 홍대 앞 삼거리에서 노래를 부르며 환호하고 떼창을 했던 기억!

옥토버페스트에서 탈진할 정도로 즐기고 나니 어떤 에너지가 내면의 깊은 곳에서 뽀글뽀글 차오르는 것을 느꼈다. 이런 경험은 처음이었다. 축제의 기억이 오랜 세월 축적되고, 이런 경험을 많은 사람들이 공유할 때 그런 사회는 뭔가 달라도 다를 것이다.

Episode 28

세계문화의 공통어

와인

백화점에서 와인 세일을 하길래 호주 티렐 와인^{Tyrell's wine}을 한 병 샀다. 중국의 경제보복으로 어려움을 겪는 호주 와인 농가를 돕는 운동에 나도 동참했다. 집콕 와인으로 코로나 블루도 날릴 겸.

언론사 베이징 특파원을 지낸 페이스북 친구가 어느 날 자신의 페이스북에 티렐 와인 사진과 함께 올린 게시물 글이다. 100자도 되지 않는 이 짧은 글에 '호주 와인 맛있다', '나도 호주 와인을 구매해야겠다', '잘하셨다' 등 20여 개의 응원 댓글이 달렸다.

호주 와인을 구매하자는 게시물을 올린 건 이 페이스북 친구가 처음은 아니었다. 내 눈에 띈 것만 최소 서너 건은 된다. 호주 와인 구매 운동은 당시 SNS에서 확산 중이었다. 이 게시물을 읽고서 나도 다음에 와인을 살 때 호주 와인을 사야겠다고 결심했다. 나 역시 오래전부터 호주 와인에 호감을 가져 '옐로우 테일'이라는 캥거루 디자인의 호주 와인을 몇 번 마셨던 기억이 있다.

우리나라에 와인이 본격적으로 소비되기 시작한 것은 88서울올림픽 이후인 1990년대에 들어서다. 해외여행이 자유로워지고 세계화가 급속히 추진되면서 와인에 대한 인식이 획기적으로 바뀌었다. 한국 기업의 위상이 높아지고 국제 비즈니스 미팅이 빈번해짐에 따라 와인 매너 역시 그에 비례해 중요해졌다.

세계 공통어는 영어지만 세계 문화의 공통어는 와인이라는 통념이 확산되었다. 와인 전문서들이 속속 출간되면서 와인 전문가로 평가받는 사람들이 나타났다. 급기야 서울와인스쿨 같은 와인을 가르치는 교육기관이 탄생하기에 이르렀다. 으레, 식사 모임에 초대받으면 와인 한 병씩 들고 가는 게 에티켓으로 자리 잡았고, 와인을 곁들인 식사 자리에서 와인에 대해 몇 마디를 하지 못하면 대화에 끼기 힘들었다.

"프랑스 그랑 크뤼급 와인은…."
"보르도 와인과 부르고뉴 와인의 차이는…."
"프랑스 와인의 명가 로칠드 가문은…."

어떤 사람이 식사 자리에서 프랑스 와인의 라벨을 보고 와인의 등급을 구분하고 행간에 담긴 스토리를 끄집어내 이야기를 풀어가면 그는 감탄의 대상이 된다.

1970년대 초반, 유럽 대도시 와인숍에 가면 판매 중인 와인의 90% 이상이 프랑스 와인이었다. 독일·스페인·이탈리아·포르투갈 와인은 한쪽 구석에 구색 맞추기 용으로 몇 병 갖다 놓는 수준이었다. 마치 프랑스가 와인의 종주국이나 되는 것처럼 세계인은 프랑스 와인만을 숭배했다. 와인 하면 곧 프랑스였다.

와인을 가장 먼저 만들어 마신 나라는 어디일까. 이 질문에 쉽게 대답할 수 있는 사람은 거의 없을 것이다. 와인은 인류 역사와 거의 맥을 같이 한다고 보는 것이 정답이다. 포도를 따고 으깨서 보관하기만 하면 저절로 발효 작용이 이뤄져 술이 되었으니까.

성경에서는 모두 다 언급할 수 없을 만큼 여러 곳에서 와인(포도주)이 등장한다. '노아가 포도나무를 심고, 포도주를 마셨다(창세기).' '새 포도주는 새 부대에 넣느니라 하시니라(마가복음).'

그리스 신화에 등장하는 술의 신神 디오니소스는 최초로 인류에게 와인 담그는 법을 가르쳤다. 호메로스의 《오디세이아》에도 와인이 나온다. 고향으로 돌아가는 도중에 동굴에 갇힌 오디세우스가 외눈박이 괴물 키클롭스를 물리치는 데 사용하는 게 와인이었다. 메소포타미아 수메르인의 기록에도 와인이 나오고, 고대 이집트에서도 화이트 와인과 레드 와인을 마셨다. 바빌로니아 함무라비 법전에서는 와인에 물을 섞는 사건에 대해 언급했을 정도로 와인 산업이 발달하기도 했다.

와인은 주로 지중해를 둘러싼 지역에서 오래전부터 마셔온 술이다. 지중해를 둘러싼 아프리카 북부와 유럽을 2000년 동안 지배한 것은 로마 제국. 로마인은 와인의 제조·보관·유통에 획기적인 발전을 이룬다. 와인이 로마 제국의 주요 수출품의 하나로 자리 잡으면서 유럽 전역에 퍼져 나갔다.

이와 함께 로마 제국의 식민지였던 프랑스, 스페인, 독일 남부에 포도 재배가 시작되었다. 지중해 주변과 중동 지역에 한정되어 있던 와인을 유럽 전역으로 확산시킨 것은 로마 제국이다. 굳이 와인 종주국을 찾자고 한다면 로마 제국이라고 하는 것이 맞다. 하지만 로마 제국이 해체되면서 와인 산업도 내리막길에 접어들었다. 와인은 수도원에서 근근이 명맥을 유지해 왔을 뿐.

그렇다면 프랑스는 언제부터 와인 종주국의 타이틀을 로마로부터 넘겨받아 오랜 세월 와인 명가^{名家}로 군림하게 되었을까. 이 지점에서 한 과학자가 등장한다. 한국인에게 파스퇴르 저온살균 우유로 널리 알려진 프랑스의 미생물학자 겸 화학자 루이 파스퇴르[Louis Pasteur, 1822~1895].

릴 대학교의 화학과 교수로 재직 중이던 그는 1856년 와인 제조업자들로부터 와인이 금방 상해버리는 원인을 규명해달라는 의뢰를 받는다. 와인 제조업자들은 와인이 식초처럼 쉬어버리는 원인을 도무지 알 수가 없었다. 그는 미생물과 발효의 연관성에 대한 연구를 시작했고, 1860년 '미생물에 의해 발효와 산패酸敗가 발생한다.'라는 사실을 밝혀냈다. 와인 제조법에 일대혁신이 일어났다. 햇빛이 물과 결합해 만들어지는 게 와인이지만 그것을 안정적으로 컨트롤하는 것은 과학기술의 힘이다. 파스퇴르의 발견으로 프랑스는 와인 명가로 우뚝 서게 되었다.

프랑스 과학에서 파스퇴르가 차지하는 위상은 매우 높다. 파스퇴르는 광견병·탄저 백신을 개발한 것으로도 유명하다. 파리 몽파르나스에 있는 파스퇴르 연구소는 세계적 의학연구소다. 연구소에서 5분 거리에 파스퇴르 대로가 있고, 그 도로에 파스퇴르 지하철역이 있다. 파스퇴르가 살던 아파트는 그대로 보존되어 있고, 연구소 외벽에는 파스퇴르의 업적을 기리는 명판을 붙여놓았다.

1976년 5월, 파리 근교의 와이너리에서 와인 블라인드 평가회Blind-Tasting인 파리의 심판Judgment of Paris이 열렸다. 프랑스인 9명, 영국인 1명, 미국인 1명 총 11명의 와인 전문가들이 심사위원으로 나섰다. 이날 블라인드 평가회에는 화이트 와인 10종(프랑스 4종, 캘리포니아 6종), 레드 와인 10종(프랑스 4종, 캘리포니아 6종)이 출품되었다. 결과는 화이트 와인과 레드 와인 모두 미국 와인이 1위를 차지했다. 그전까지 치러진 블라인드 평가회에서는 언제나 프랑스 와인이 1등을 차지해 왔다.

파리에서 와인숍을 운영하는 영국인 와인상商 스티븐 스퍼리어Steven

Spurrier, 1941~2021는 세계가 주목할 만한 새로운 와인을 찾아 나섰다. 다른 와인상들이 눈여겨보지 않는 새 와인을 발굴해 돈을 벌고 싶었다. 스퍼리어는 캘리포니아 나파 밸리의 여러 와이너리를 돌며 와인을 시음했다. 그중에서 샤토 몬텔레나 나파밸리 샤르도네Chateau Montelena Napa Valley Chardonnay 1973년산을 골라 파리 평가회에 내놓기로 했다.

스퍼리어는 나파 밸리의 포토 재배법이 혁신적이라는 사실을 높이 평가했지만 그 누구도 캘리포니아 와인이 프랑스 와인을 이길 거라고 기대하지 않았다. 평가회에 나갈 와인으로 선정되었다는 사실만으로 만족해했다.

판정 결과는 화이트 와인 1등은 캘리포니아 '샤토 몬텔레나 1973년산.' 레드 와인 1등 역시 캘리포니아 '스태그스 리프 와인Stag's Leap Wine Cellars 1973년산'이었다. 레드 와인 2등은 프랑스의 대표적 와인 명가 '샤토 무통 로칠드Chateau Mouton-Rothschild 1970년산'이였다. 미국에서 발행하는 와인 전문 주간지 와인《스펙테이터The Spectator》는 1면 머리기사로 이 뉴스를 보도했다.

'California Wines Top French at Paris Blind-Tasting wine event'

프랑스 와인 제조업자들과 프랑스 와인을 거래하는 상인들은 도저히 믿기 어려웠다. 누구도 이런 일이 벌어지리라곤 꿈에서도 생각지 않았다.

2006년, '파리의 심판' 30주년 기념으로 다시 블라인드 평가회가 열렸다. 세계 와인 업계의 주목을 받으며 대회가 열렸다. 그러나 결과는, 마찬가지. 캘리포니아 와인의 승리였다. 2006년 캘리포니아 주의회는 법안^{#ACR-153}을 채택해 공식적으로 1976년 '파리의 심판'을 역사적 사건이라고 공표하기에 이른다. 미국 워싱턴DC 스미소니언 박물관에는 '파리의 심판'의 두 주인공인 샤토 몬텔레나 샤르도네 한 병과 스태그스 리프 카베르네 한 병이 영구 소장품으로 전시 중이다.

2008년에 나온 영화 〈와인 미라클^{Bottle Shock}〉은 캘리포니아 와인이 프랑스 와인의 아성을 꺾고 우승하는 과정을 다룬 영화다. '파리의 심판'을 분기점으로 세계 와인 시장에 지각 변동이 일어났다. 영화에서 주인공 스퍼리어가 혼잣말처럼 말하면서 영화는 끝이 난다.

"우리는 미신을 깨부쉈어. 프랑스 와인이 최고라는 미신을. 전 세계의 눈을 뜨게 한 거야. 남미의 와인도, 호주와 뉴질랜드 와인도, 아프리카 와인도… 이제 시작일 뿐이야."

그의 독백을 듣고 있는데 라이너 마리아 릴케가 쓴 한 문장이 번쩍 스쳤다.

명성이란 결국 하나의 이름 주위로 몰려드는 오랜 오해들의 총합에 지나지 않는다.

MENU 4

천재들의 식탁

삶에 녹아든 세련된 담

談
담백할, 은은한 풍미의 : 담

대파를 든 남자, 백석의 뒷모습
괴테의 아스파라거스 연서
프루스트의 잃어버린 시간을 찾아서
천재들이 마지막으로 간절히 원한 음식
프로이트와 해리스의 명쾌한 통찰
바람처럼 자유롭게 살다
방랑하는 천재들의 음료
세계 최고 메디치 가문의 디저트

Episode 29

대파를 든 남자, 백석의 뒷모습

칼솟타다 대파구이

며칠 전 아침이다. 뭘 먹을까. 냉장고를 열었다. 오랜만에 소시지를 하나 구울까. 소시지를 꺼내어 칼집을 넣는데 주방 개수대 옆에 미끈하게 잘생긴 대파가 누워 있는 게 보였다. 오랜만에 대파도 구워 먹어야겠다. 아니, 대파만 먹으면 좀 그러니까 양송이도 몇 개 곁들이는 게 좋겠네. 마침 냉장고에 양송이가 두 개 남아 있었다. 그래서 대파와 양송이를 버터에 구웠다. 오렌지 주스와 소시지와 함께 먹으니 아침이 산뜻했다.

대파는 무슨 맛으로 먹나. 대파를 구울 때 향긋함이 코끝을 스친다. 씹을 때 아삭거리는 식감이 좋다. 살짝 단맛도 잡힌다. 아삭거리고 슴슴한 맛이 대파의 매력이다.

대파를 즐겨 먹는 나라는 어디인가? 한국을 제외하고 가장 먼저 떠오르는 나라는 스페인이다. 특정하면, 스페인 카탈루냐 지방이다. 조지 오웰의 《카탈루냐 찬가》와 FC 바르셀로나가 있는 그 카탈루냐다.

카탈루냐 지방의 바르셀로나에 가면 '칼솟타다'라는 대파구이 음식이 있다. 대파를 통째로 장작불에 새카맣게 구워 접시에 내놓는다. 대파는, 카탈루냐 말로 칼솟Calçot이다. 대파를 통째로 석쇠에 구워 먹는 요리를 칼솟타다Calçotada라 한다. 11월과 4월 사이가 칼솟타다를 먹는 계절이다. 새카맣게 탄 부분을 한 겹 벗겨내어 소스에 찍어 먹는다. 식당에서는 고기, 소시지, 칼솟타다를 메인 코스로 내놓는다. 카탈루냐에서 칼솟타다로 특화된 도시가 발스Valls다. 지중해에서 멀지 않은 인구 2만 5,000명의 소도시. 세계 칼솟타다의 수도다. 칼솟타다 시즌이 오면 대파구이를 먹으려는 사람들로 발스 중심가 골목이 북적거린다.

마치 4월의 아스파라거스를 즐기려는 사람들로 왁자한 독일의 도시 슈베칭겐과 흡사하다. 발스 골목의 공터에서는 칼솟타다 쇼가 벌어진다. 요리사들이 긴 손잡이가 달린 석쇠를 흔들며 칼솟을 굽는다.

프랑스인도 대파 요리를 즐긴다. 스페인과 다른 점은 하나. 프랑스인은 대파를 굽지 않고 만두처럼 쪄서 전채로 먹는다. 쪄서 먹는 대파 요리를 '뿌와로 호티 오 후Poireaux rôtis au four'라고 한다. 뜨거울 때 올리브유를 뿌려서 먹기도 하고 식혀서 비네그레트 드레싱vinaigrette을 치즈 가루처럼 뿌려 먹기도 한다.

한국인의 식탁에서 대파가 빠진다면? 대파처럼 한국인의 식탁에서 그 쓰임새가 다양한 식재료도 드물 것 같다. 육개장을 끓일 때 어슷하게 썬 대파가 길쭉하게 들어가지 않으면 뭉근한 국물 맛이 우러나지 않는다. 설렁탕이나 곰탕을 먹을 때는 또 어떤가. 파를 송송 썰어 넣지 않으면 일단 비주얼에서부터 지루하다. 먹을 때 입안에서 씹히는 대파가 느끼함을 중화시킨다. 삼겹살을 구워 먹을 때 파무침은 없어서는 안 되는 한약방의 감초다. 한때 파닭이 크게 유행한 적이 있다. 요즘은 그 열기가 다소 식었지만 바베큐 닭에 얹어 먹는 파무침은 환상적인 궁합이다. 대파의 흰색 부분만을 프라이팬에 구워 먹는 대파구이는 고급 술안주로 대접받는다. 닭꼬치 구이에서도 대파는 필수다. 대파구이를 먹지 않는 사람도 닭꼬치 사이에 끼워진 대파는 맛있게 먹는다.

동네 마트에 가면 대파 한 단에 2,000원 정도 한다. 가끔 마트로 대파 심부름을 갈 때마다 스스로 묻곤 한다. 이렇게 대파를 싸게 사 먹어도 되나. 한번은 저녁 무렵 삐쭉 삐져나온 대파를 장바구니에 들고 걸어가는 남자의 뒷모습을 물끄러미 바라본 적이 있다.

대파를 든 남자의 뒷모습을 보면서 한 시인을 생각했다. 백석白石, 1914-1996이다. 5060세대 중에는 백석을 모르는 사람들이 의외로 많다. 그도 그럴 것이 백석의 시가 교과서에 실리기 시작한 것은 1990년대에 들어서다. 중고교 시절 배운 적이 없으니 백석에 대한 친밀도가 떨어질 수밖에 없다. MZ세대는 백석을 〈나와 나타샤와 흰 당나귀〉, 〈남신의주 유동 박시봉방〉, 〈모닥불〉 등으로 기억하지만.

〈나와 나타샤와 흰 당나귀〉는 줄여서 '나나흰'이라고 한다. 이미 뮤지컬로도 나왔고, 산울림 베이시스트 겸 작곡가 김창훈이 곡을 붙여 노래로 부르기도 했다. 눈을 감고 김창훈의 노래를 들으면 흰 당나귀를 타고 눈이 푹푹 빠지는 가마리에 가 있는 것 같다.

백석의 고향은 평북 정주다. 일본 유학을 다녀와 1930년대에 조선일보에서 기자로 근무했다. 조선일보 기자 시절 시집 《사슴》을 발표해 백석 신드롬을 일으켰다. 천재 예술가들의 특징 중의 하나가 '노마드 nomad'다. '호모 노마드 Homo Nomad' 천재들은 지루함을 견디지 못한다. 그래서 한곳에 오래 정착하질 못한다. 백석이 전형적인 '호모 노마드'였다. 백석은 안정적인 신문사를 그만두고 방랑했다. 일본으로, 평양으로, 만주로. 만주 시절 먹고 살기 위해 별의별 직업을 거쳤다. 번역도 하고 세관 통역관도 하고 농사도 지었다.

신의주에서 압록강 건너 맞은편에 있는 중국 도시가 안동이다. 안동세관에서 잠시 통역관으로 일할 때 일본 시인 노리다케 가쓰오 則武三雄, 1909~1990를 만났다. 그때 노리다케는 조선 근무가 두 번째였다. 이미 노리다케는 일본어로 번역된 백석의 시를 읽고 백석의 팬이 되어 있었다.

1941년 두 사람은 신의주에서 처음 만났다. 언어의 장벽이 없고 마음이 통한 두 사람은 금방 문우文友가 되어 서로의 집을 방문하는 관계로 발전한다. 노리다케는 1942년에 나온 산문집 《압록강》에서 백석을 언급했다.

이렇게 이어지던 백석과의 인연은 북한이 공산화되면서 끊긴다. 백석이 김일성에 의해 숙청되고 이름이 더 이상 북한 매체에 등장하지 않자 노리다케는 초조하고 불안했다. 제발 아무 일도 없어야 하는데. 1960년대 노리다케는 일본에서 백방으로 백석을 수소문했다. 그때 백석을 그리워하며 쓴 시가 〈파葱〉다.

> 파를 드리운 백석
> 백이라는 성에, 석이라는 이름의 시인
> 나도 쉰세 살에 되어 파를 드리워 보았네
> 뛰어난 시인 백석, 무명의 나
> 벌써 스무 해라는 세월이 흘렀군요
> 벗, 백석이여 살아계신가요
> 백이라는 성, 석이라는 이름의 조선의 시인

1941년 어느 날, 신의주에 살던 노리다케가 압록강 건너 안동의 백석 집을 찾아갔다. 노리다케가 집으로 들어갔을 때 대파를 한 손에 든 채 부엌에서 나오는 백석과 마주쳤다. 노리다케의 머릿속에 그 모습이 각인되어 죽을 때까지 잊히지 않았던 것이다.

Episode 30

괴테의 아스파라거스 연서

구운 아스파라거스

세계의 작가·예술가 중 최고의 미식가는 누구일까? 주관적인 판단으로는, 요한 볼프강 폰 괴테^{Johann Wolfgang von Goethe, 1749~1832}다. 이렇게 말하면, "무슨 근거로?"라는 반응이 나올 수도 있겠다. 대답은 명료하다. 기록이 말한다.

괴테는 눈을 감는 순간까지 글을 써 방대한 저작을 남겼다. 흥미로운 점은 그가 미식^{美食}과 관련된 상당한 기록을 남겼다는 사실이다. 저작, 일기, 편지에 식도락 이야기가 풍성하다. 미식 탐닉은 문호의 정신세계를 엿보는 중요한 키워드다.

괴테가 타계 2년 전에 완성한 《이탈리아 기행》은 상당 부분이 식도락

이야기로 채워졌다는 사실을 상기해 본다. 독일에서 태어나 북국北國의 우중충한 하늘만 보다가 남국南國의 쨍쨍한 태양을 접한 괴테는 이탈리아의 흙과 바람에 넋을 잃는다. 남북으로 길게 늘어진 이탈리아는 기후대가 다양한 만큼 지방색이 강한 나라. 그는 로마에서 시칠리아까지 여행하며 각 지역의 요리와 상차림에 대해 상세하게 기술한다. 얼마나 자세하게 기록했던지 요하임 슐츠라는 작가는 음식 이야기만을 따로 모아 《훌륭한 요리 앞에서는 사랑이 절로 생긴다》라는 책을 내기도 했다.

> 시칠리아 없는 이탈리아를 그려 본다는 것은 불가능하다. 이곳이야말로 모든 곳으로 가는 열쇠다. 나는 이 섬에서의 먹고 마시는 일에 대해 아직 언급하지 않았다. 짧은 에세이만으로는 부족하기 때문이다. 과수원의 과일들은 황홀 그 자체다. 특히 부드럽고 맛있는 샐러드는 입속에서 녹는 것이 마치 우유를 마시는 듯하다. 왜 고대인들이 시칠리아 샐러드를 락투카라 했는지 이해할 것 같다.
>
> 《이탈리아 기행》 민음사, 2023, 본문 중에서

우리가 괴테의 미식 리스트에서 특별히 주목할 부분은, 그가 아스파라거스에 대해 자주 언급했다는 사실이다. 그는 1776년 초 프랑크푸르트에서 바이마르 공국의 추밀원 고문으로 영입된다. 바이마르행行은 아우구스트 대공의 앙청仰請으로 이뤄졌다. 《젊은 베르테르의 슬픔》 출간으로 전 유럽에서 이름을 얻은 직후였다. 스물일곱, 한창때다.

> 처음으로 정원의 온실에서 잠을 잤습니다. 그곳에서 처음으로 아스파라거스를 수확했습니다. 이 아스파라거스를 다른 것과 함께 섞지 말고, 혼자

만 드십시오. 그래야 아스파라거스에 대한 행복한 추억을 간직하게 될 테니까요. 제가 당신과 함께 이걸 먹는다면 최고로 맛이 있을 텐데. 오늘 점심때는 어떨지 말씀해 주십시오. 제가 방문해도 좋을까요? 이곳은 여전히 조용합니다. 당신과 헤어진다는 것은 상상할 수도 없습니다. 아듀. G.

1776년 5월, 바이마르에 살면서 그는 마음에 둔 한 여인에게 편지를 쓴다. 일종의 연애편지인데, 아스파라거스를 주제로 삼고 있다는 것이 호기심을 자극한다.

사람의 입맛은 세월에 따라 변한다. 어릴 때 좋아했던 것을 나이가 들어서도 계속 찾는 경우도 있고, 반면에 젊을 때 좋아했지만 멀리하게 되는 음식도 있다. 괴테의 경우, 아스파라거스에 대한 애정은 변하지 않았다. '아스파라거스 연서'는 그 뒤로도 여러 번 등장한다.

> 내 몸의 영양 상태가 훨씬 좋아졌소. 트라비티우스 부인은 아스파라거스 요리를 아주 잘하고, 가끔은 달걀 케이크도 만들어주지요. 실러의 집에서 나에게 스테이크 요리를 해주고, 당신이 보내준 소스가 샐러드의 맛을 더해주어 입맛을 되찾았소.

최초의 아스파라거스 연애편지를 쓴 지 22년이 흘렀다. 작가의 나이는 마흔아홉. 괴테에게는 결혼한 아내가 있었다. 1798년 봄, 잠시 바이마르 인근 도시 예나Jena에 머물 때 바이마르의 아내 크리스티아네 불피우스에게 편지를 썼다.

인간이 다년생 식물인 아스파라거스를 먹기 시작한 것은 기원전으로 거슬러 올라간다. B.C. 3000년, 아스파라거스는 이집트 무덤 벽화에 등장했다. 고대 로마의 쾌락주의자들은 알프스에서 나는 아스파라거스를 특상품으로 쳤다. 쾌락주의자들은 알프스산맥 아스파라거스를 대량으로 사들여 냉동 보관했다가 쾌락주의자 축제에 사용했다.

18세기나 지금이나 아스파라거스는 여전히 고급 채소다. 레스토랑의 스테이크 사진을 보면 조연으로 출연한 아스파라거스 세 줄기를 발견할 수 있다. 살짝 떫은 것 같으면서도 아삭거리는 식감을 한번 맛보고 나면 아스파라거스를 잊지 못한다. 유럽 사람은 봄철 채소인 화이트 아스파라거스를 코스 식사에서 전채로 즐긴다. 살짝 데친 아스파라거스를 마요네즈에 찍어 먹는다. 녹색 아스파라거스는 주로 크림수프용으로 사용된다. 구운 아스파라거스에 햄, 찐 감자, 삶은 계란을 곁들이면 훌륭한 식사가 된다.

또 아스파라거스 하면 냄새를 빼놓을 수 없다. 아스파라거스를 먹고 소변을 보면 간혹 역한 냄새가 날 때가 있다. 아스파라거스는 아스파라거스 산(酸)을 함유하고 있는데 이것이 소화되는 과정에서 휘발성 유황 부산물이 배출되기 때문이다.

마르셀 프루스트의 《잃어버린 시간을 찾아서》(전 7권, 민음사)은 '바늘 끝 같은 섬세한 감각으로 한 인간의 개별적 삶과 시대상을 통째로 완벽하게 재현했다'는 평가를 받는다. 그중 《잃어버린 시간을 찾아서》의 첫 권인 《스완네 집 쪽으로》를 보면 아스파라거스의 냄새에 대한 언급이 나온다.

내 변기를 향긋한 향수병으로 바꿔놓는다.

실제로 프루스트는 고모 집에서 지낼 때 아스파라거스를 자주 먹었다. 프루스트가 어린 시절 한때를 보낸 콩브레 마을의 고모 집은 현재 프루스트 기념관으로 사용된다. 기념관 1층 식당에는 고모 가족들이 사용한 식기들이 그대로 보존되어 있다. 그중에는 화이트 아스파라거스가 조각된 접시도 있다.

레오나르도 다 빈치^{Leonardo da Vinci, 1452~1519}도 요리책에 아스파라거스를 언급했고, 프랑스의 태양왕 루이 14세는 베르사유 궁전 내에 전용 온실을 설치해 아스파라거스를 재배하기도 했다. 온실 덕분에 태양왕은 겨울부터 아스파라거스를 맛볼 수 있었다. 프랑스 왕실은 정찬 코스에 반드시 아스파라거스를 포함시켰다. 프랑스에서는 막 결혼한 신랑이 초야初夜를 치르기 전에 세 코스에 걸친 아스파라거스를 먹었다고 한다. 오늘날 프랑스 가정에서는 가리비와 아스파라거스를 넣은 페투치네, 아스파라거스와 캐슈너트 오믈렛, 허니머스터드 소스를 곁들인 아스파라거스 등을 즐겨 먹는다.

아스파라거스 마니아들은 매년 봄 독일 바덴 뷔르템베르크주의 슈베칭겐으로 몰려든다. 독일산 아스파라거스는 세계 최상의 품질로 평가받는다. 독일 서부 여러 곳에서 아스파라거스가 생산되지만 슈베칭겐은 '세계 아스파라거스의 수도'를 자처하며 축제를 연다. 축제 기간 갖가지 아스파라거스 요리가 나온다. 이 중 가장 인기 있는 메뉴는 화이트 아스파라거스를 데쳐서 올랑데즈 소스를 뿌린 요리다.

 괴테의 아스파라거스 연서 덕분에 아스파라거스 미식 여행을 했다. 4월의 슈베칭겐에 가보고 싶다.

Episode 31

프루스트의 잃어버린 시간을 찾아서
마들렌

"이제야 알 것 같다. 왜 저 여자 음식에만 반응을 했는지. 왜 난데없이 눈물이 났는지. 왜 그렇게 저 여자한테, 그 식구들한테 자꾸 마음이 갔는지."

2023년, 인기를 끌었던 tvN 드라마 〈일타 스캔들〉. 일타 수학강사 최치열(정경호 분)과 '국가대표 반찬가게' 주인인 전 핸드볼 국가대표 남행선(전도연 분)이 주인공이다.

눈코 뜰 새 없이 바쁜 스타 강사 최치열은 섭식장애를 앓고 있다. 입맛이 없으니 제대로 먹지 못하고, 그러다 보니 사는 재미가 없다. 그러다 우연히 비서가 사 온 도시락을 먹고는 입맛이 살아나 활력을 되찾는다. 그렇게 국가대표 반찬가게의 단골이 된다. 최치열은 궁금하기만 하다. 왜 국가대표 반찬가게에서 만드는 음식을 먹으면 행복한 기분이 드는지. 여기에 반찬가게 주인 딸이 자신에게 수학 강의를 듣게 되면서 여러 가지 에피소드가 끼어든다.

8화 '인연이 운명이 되는 귀납적 추론'에는 치열이 행선의 엄마가 하는 식당에서 밥을 먹는 것으로 시작한다. 그곳은 치열이 가난한 대학생 시절 식권으로 밥을 사 먹던 식당. 모든 게 그대로인 그곳에서 치열은 자신의 이십 대를 회상한다. 행선의 손맛은 엄마한테 전수받은 것이다. 행선의 도시락을 먹을 때마다 치열은 자신을 따뜻하게 대해준 행선의 엄마를 추억한다. 그리고 행복감에 젖는다. 집으로 돌아가는 길에 승용차 안에서 치열은 앞부분의 독백을 한다.

〈일타 스캔들〉이 시청자를 사로잡는 요소는 두 가지다. 하나는 입시와 사교육 문제를 다뤘다는 것이고, 다른 하나는 음식과 맛에 대해 인문학적으로 접근하고 있다는 사실이다. 맛이 '스캔들' 발생 요인이다.

'프루스트 기억Proustian Memory'이라는 용어가 있다. 음식을 먹다가 음식과 관련된 과거의 기억을 회상하게 되는 현상을 일컫는다. 일부러 의도하지 않았는데 어떤 음식을 먹다가 불현듯 기억이 떠오르는 것. 프루스트 기억은 정신분석 용어로 '인발런테리 메모리Involuntary Memory'이다. 우리말로 '비자발적 기억' 혹은 '불수의不隨意 기억'이다.

영화 〈라이언Lion〉은 1986년 인도 칸드와에서 있었던 실화를 바탕으로 만들어진 호주 영화다. 주인공은 다섯 살 소년 사루다. 어머니, 형과 함께 하루 벌어 하루 먹는 궁핍한 생활을 하던 사루는 열차를 잘못 타는 바람에 길을 잃고 고아가 된다. 우여곡절 끝에 호주로 입양되어 대학을 마친 뒤 어엿한 사회인으로 성장한다. 어느 날 사루는 인도 출신 친구 집에서 열린 파티에 초대를 받고 거기서 우연히 '잘레비'라는 튀김과자를 먹어 본다. 그 순간, 형과 고향에서 먹어 보았던 잘레비 맛이 생생하게 떠오르면서 고향에 대한 그리움이 솟구친다. 이후 하루 종일 고향 생각뿐이다. 결국 사루는 회사를 그만두고 희미한 기억을 되살려 25년 만에 고향을 찾아가 기적적으로 엄마와 형을 만난다. 이 모든 것은 어릴 적 뇌에 각인된 튀김과자 잘레비에서 비롯되었다.

런던의 희극배우 찰리 채플린 Charlie Chaplin, 1889~1977 은 1912년에 미국 순회공연을 돌던 중 우연히 영화사 사장의 눈에 들어 무성영화에 출연하게 된다. 두 번째 영화 촬영을 앞두고 채플린은 '떠돌이' 캐릭터를 창조해 냈고, 하루아침에 운명이 바뀌었다. 무성영화의 대스타! 미국으로 간 지 2년 만에 채플린은 배우 겸 감독으로 승승장구한다. 영국과 유럽에서까지 채플린은 유명 인사가 되었다.

무성영화 사상 최대의 히트작 〈키드〉가 개봉한 1921년. 그해 8월, 채플린은 어느 작가의 집에 저녁 초대를 받는다. 작가는 채플린을 위해 특별히 영국식 스테이크와 콩팥구이를 준비한다. 무심코 스테이크와 콩팥구이를 먹다가 채플린은 덜컥 목이 멘다. 고향 생각이 치밀어 올라서다. 까마득히 잊고 있던 런던이 그리워 견딜 수가 없었다. 그날 이후 채플린은 고향 생각에 잠못 이루다 결국 9년 만에 런던을 방문하기로 한다.

마르셀 프루스트 Marcel Proust, 1871~1922의 대표작 《잃어버린 시간을 찾아서》는 궁극의 문학으로 평가된다. 바늘 끝같은 예리한 감각으로 개인의 삶과 시대상을 완벽하게 재현했기 때문이다. 모든 것은 주인공이 마들렌 과자를 홍차에 적셔 먹는 것에서 비롯된다.

어머니는 사람을 시켜 생자크라는 조가비 모양의, 가느다란 홈이 팬 틀에 넣어 만든 '프티 마들렌'이라는 짧고 통통한 과자를 사 오게 하셨다. 침울했던 하루와 서글픈 내일에 대한 전망으로 마음이 울적해진 나는 마들렌 조각이 녹아든 홍차 한 숟가락을 기계적으로 입술로 가져갔다. 그런데 과자 조각이 섞인 홍차 한 모금이 내 입천장에 닿는 순간, 나는 깜짝 놀라 내 몸 속에서 뭔가 특별한 일이 일어나고 있다는 사실에 주목했다. 이유를 알 수 없는 어떤 감미로운 기쁨이 나를 사로잡으며 고립시켰다. 이 기쁨은 마치 사랑이 그러하듯 귀중한 본질로 나를 채우면서 삶의 변전에 무관심하게 만들었고, 삶의 재난을 무해한 것으로, 그 짧음을 착각으로 여기게 했다. (…) 나는 더 이상 나 자신이 초라하고 우연적이고 죽어야만 하는 존재라고 느끼지 않게 되었다. 도대체 이 강렬한 기쁨은 어디서 온 것일까? 나는 그 기쁨이 홍차와 과자 맛과 관련이 있으면서도 그 맛을 훨씬 넘어섰으므로 맛과는 같은 성질일 수 없다고 생각했다. 그 기쁨은 어디서 온 것일까? 무엇을 의미하는 걸까? 어디서 그것을 포착해야 할까? 두 번째 모금을 마셨다. 첫 번째 모금이 가져다준 것 외에 다른 것은 아무것도 가져다주지 못했다.
《잃어버린 시간을 찾아서 1》, 민음사, 2012 본문 중에서

프루스트는 '불수의 기억'을 소설에 등장시킨 최초의 사람이다. 프루스트는 '불수의 기억'을 과거의 진수眞髓라고 규정했다. 여기서 발전한 것이 자전적 기억 Autobiographical Memory이다. 의식적인 노력을 하지 않았는데도

일상적인 것들이 떠오르는 것을 말한다.

　서울 삼청동에는 팥죽을 파는 유명한 집이 있다. '서울서 두 번째로 잘하는 집'이라는 옥호를 내건 집이다. 팥죽을 좋아하는 사람치고 이 집에 가보지 않은 사람은 없으리라. 나도 여러 번 가봤다. 몇 년 전, 주인인 김은숙 씨의 인터뷰가 신문에 나와 반갑게 읽었던 기억이 난다.

　주인 김은숙 씨의 어머니는 함경북도 청진 사람이다. 1·4후퇴 때 어머니는 헤어진 남편을 찾아 부산으로 피난 내려왔다. 모녀는 피난지 부산에서 이루 말할 수 없는 고생을 했다. 열두 살 소녀 김은숙도 거리로 나서야만 했다. 소녀는 좌판을 열고 담배를 팔며 푼돈을 벌었다. 그러던 어느 날 소녀는 우연히 단팥죽을 얻어 먹었다.
　"뜨끈한 팥죽이 입안을 적시는데 귀한 대접을 받는 기분이었죠."

　김 씨는 그때의 느낌을 잊지 못해 1980년대 초 삼청동에 단팥죽 전문집을 차리게 되었다. 그렇게 40여 년이 흘렀다. 오늘도 단골들은 단팥죽을 먹으며 '귀한 대접을 받는 기분'을 느낀다.

Episode 32

천재들이 마지막으로 간절히 원한 음식

센비키야 멜론과 솔푸드

주말 밤 딸아이가 저녁을 먹고 배달 앱으로 설빙 빙수를 시켰다. 오랜만에 시켜 먹는 요거통통멜론설빙. 한입에 먹기 힘든, 큼지막한 멜론 조각들이 제법 수북했다. 숟가락으로 멜론 조각을 먹기 좋게 잘랐다. 그리고 요거트와 치즈로 범벅이 된 멜론을 먹기 시작했다. 멜론을 씹다가 문득 이런 생각이 스쳤다.

'이렇게 쉽게 멜론을 먹어도 되나?'

내가 멜론이라는 과일을 처음 맛본 것은 신문사에 입사한 뒤였다. 대학 시절에는 구경도 못 했다. 선배들이 데리고 간 고깃집에서 나온 디저트로 멜론을 처음 만났던 것 같다. 그때로 계산하면 대략 36년 정도 된다. 그 뒤에 명절에 멜론 선물도 몇 번 받아 보았다. 나도 가끔 신세를 진 취재원에게 선물을 보낼 때 고민 없이 멜론을 골랐다. 그즈음 멜론은 과일 선물 중 최고로 대접받았다.

1937년 4월 17일 도쿄제국대 부속병원. 조선 유학생이 이날 쓸쓸하게 눈을 감았다. 이상李箱, 1910-1937이다. 일본의 근대성을 열망했던 식민지 조선의 천재 이상, 본명 김해경. 그는 폐결핵이 악화된 상태에서 '거동 수상자'로 몰려 유치장에 갇혔다가 병원에 실려 갔다. 이상이 도쿄제국대 부속병원에서 가쁜 숨을 몰아쉴 때 서울의 아내 변동림이 황급히 도쿄로 왔다. 남편은 아내에게 유언처럼 내뱉었다.
"센비키야 멜론을 먹고 싶다."

거대한 우주가 점멸 신호등처럼 소멸해가는 그 순간, 불운한 천재가 마지막으로 간절히 원한 것은 멜론이었다. 센비키야 멜론!

센비키야千疋屋는 도쿄의 유서 깊은 과일 전문 가게. 에도 시대인 1834년 도쿄 번화가 니혼바시에 문을 열어 지금까지 6대째 명맥을 이어온 노포老鋪 센비키야. 변동림은 니혼바시의 센비키야까지는 너무 멀어 병원 앞에서 멜론 한 조각을 샀다고 한다.

이상은 비범한 미각을 가졌다. 그의 산문 《산촌여정山村餘情: 성천기행成川紀行》을 보면 여러 곳에서 음식과 관련된 언급이 자주 보인다. '성천기행'은 이상이 평안남도 성천에서 여름 한 달을 머문 뒤에 1935년 총독부 기관지 매일신문에 연재한 것이다.

향기로운 MJB의 미각을 잊어버린 지도 20여 일이나 됩니다. (…) 야채 '사라다'에 놓이는 '아스파라가스' 잎사귀 같은 또 무슨 화초가 있습니다. (…) 청둥호박이 열렸습니다. 호박꼬자리에 무시루떡-그 훅훅 끼치는 구수한 김에 좋아서 증조할아버지의 시골뜨기 망령들은 정월 초하룻날 한식날 오시는 것입니다. (…) '코코아'빛 입술은 머루와 다래로 젖었습니다. 나를 아니 보는 동공에는 정제된 창공이 '간쓰메'가 되어 있습니다.

《산촌여정山村餘情: 성천기행成川紀行》 본문 중에서

멜론은 페르시아가 원산지. 고대 로마에 수입되어 최고급 과일로 승격했다. 교황청과 귀족층은 고급 과일인 멜론을 집중적으로 소비했는데, 교황청이 멜론을 얼마나 좋아했는지를 보여주는 극적인 사례가 하나 있다.

14세기 로마에 위치해 있던 교황청은 남프랑스 아비뇽으로 옮겨간다. 세계사에 나온 '아비뇽의 유수幽囚' 사건이다. 교황청 요리사들은 아비뇽으로 가면서 멜론 씨앗을 가져갔다. 흙과 물과 바람이 로마와 다른 캔털루프 마을에서 자란 멜론은 교황청에서 먹어 본 멜론과는 빛깔과 맛이 달랐다. 껍질은 녹색이지만 과육은 오렌지색!

이렇게 캔털루프는 새로운 멜론의 원산지로 자리 잡는다. 캔털루프 멜론의 탄생 스토리다. 캔털루프 멜론은 프랑스 파리로 흘러들어가 귀족과 상류층의 입맛을 사로잡았다. 파리 문화예술계의 미식가인 소설가 알렉상드르 뒤마가 유명한 캔털루프 멜론 마니아였다.

이상은 언제 누구와 니혼바시 센비키야에 가서 멜론을 먹어봤을까? 그때 이상의 뇌를 마비시킨 것은 머스크 멜론이었을까, 아니면 캔털루프 멜론이었을까. 일본의 근대성이 혀끝에서 멜론으로 각인되었던 것이리라.

14년간 프랑스 대통령으로 지낸 프랑수아 미테랑^{François Mitterrand, 1916~1996}. 지성인이었던 미테랑은 문화강국 프랑스의 위상을 높인 대통령으로 평가받는다. 그가 재임 중 추진한 것이 건축을 앞세운 그랑 프로제^{Grand Project}다. 루브르 유리 피라미드, 라데팡스, 프랑스 국립도서관^{BnF}이 미테랑 재임 중에 세상 빛을 봤다. 그는 전립선암으로 투병하다 운명했다. 인생 소풍을 끝내는 시간이 괘종시계의 초침처럼 째깍째깍 다가올 때 아내는 그를 위한 마지막 만찬을 준비했다.

1995년 12월 31일. 마지막 식탁에 올라가는 메뉴는 4가지. 마렌느 굴, 푸아그라, 구운 수탉, 그리고 오르톨랑. 미테랑은 가금류를 좋아했다. 그 중 미테랑이 특히 좋아한 것은 오르톨랑^{ortolan} 요리.

프랑스 사람들은 멧새의 일종인 오르톨랑으로 만든 요리를 즐긴다. 프랑스는 오르톨랑을 보호하기 위해 오르톨랑 사냥을 금지하고 매매를 불법으로 했지만 먹고 싶은 욕망을 누르진 못했다. 오르톨랑은 공공연하게 식재료로 유통된다. 오르톨랑 요리는 코냑에 푹 담가 절인 뒤에 오븐에 구워내는 것이다. 한 사람당 한 마리씩 먹는다. 하지만 1995년의 마지막 날 저녁 미테랑의 아내는 특별히 한 마리를 더 준비했다. 한 마리를 다 먹고 아쉬워하는 미테랑에게 한 마리를 더 내놓았다. 그는 흡족한 미소를 지으며 오르톨랑 구이를 먹었다. 그 후 일주일 동안 미테랑은 아무것도 먹지 못한 채 침대에 누워있다가 1996년 1월 8일 깊은 잠에 들었다.

오르톨랑 요리는 덴마크 영화 〈바베트의 만찬 Le Festin de Babette, 1987〉에도 등장한다. 이 영화는 최초의 음식 영화로 평가받는다. 전쟁을 피해 덴마크의 한적한 해변 마을로 피난 온 프랑스 여성 요리사 바베트가 복권에 당첨되어 마을 사람들을 초대해 정통 프랑스 정찬을 대접한다는 줄거리다. 그때 코스 요리 중 하나로 나오는 게 오르톨랑이다.

백남준 白南準, 1932~2006 은 만성 당뇨병 환자였다. 커피를 설탕물처럼 마셨고 추위에 특히 민감했다. 그래서 백남준은 겨울철이 되면 철새처럼 따뜻한 플로리다로 가서 겨울을 나곤 했다. 마이애미 해변의 아파트를 장기 임대해 부인 구보다 시게코와 지냈다. 2006년 새해 첫날 아침도 플로리다 마이애미의 아파트에서 맞았다. 1월 26일 밤, 잠을 자던 백남준은 잠꼬대했다. 그는 앞서간 예술가들의 이름을 불렀다. 그중에는 요셉 보이스도 있었다. 이를 지켜보던 시게코에게 불길한 예감이 엄습했다.

그렇게 이틀이 흘렀다. 1월 29일은 음력 설날. 백남준은 시게코에게 저녁에 장어덮밥을 먹고 싶다고 했다. 장어덮밥, 즉 우나동 鰻丼 은 백남준의 '최애' 음식이었다. 뉴욕 소호에 살 때도 백남준은 정기적으로 일본 식당에 가서 우나동을 먹었다. 뇌졸중 후유증으로 몸 한쪽을 쓰지 못하는 상태에서도 휠체어를 타고 우나동을 먹으러 외출하곤 했다. 한국인이 복날 삼계탕이나 보신탕을 먹는 것처럼 일본인은 복날이 되면 우나동을 보양식으로 즐긴다. 일본인이 우나동을 먹기 시작한 것은 에도시대부터. 우나동은 '우나기 돈부리'의 줄임말. 일본에서 대학을 다니고 일본인 부인 덕에 백남준은 우나동을 즐겨 먹었던 것이다.

백남준은 음력 설날 시게코가 만들어준 우나동을 한 그릇 다 비웠다. 그리고 일찍 잠자리에 들었다. 몇 시간 뒤 그는 침대에서 거칠게 숨을 쉬었고, 잠시 후 고개를 떨궜다. 미디어아트의 창시자는 그렇게 세상을 떠났다. 솔푸드를 맛있게 먹고 아내 곁에서 눈을 감았으니 온 곳으로 돌아가는 여행길이 행복했으리라.

모든 감각이 죽어도 마지막까지 살아남는 게 미각이다.
맛에 대한 기억은 뇌에 새겨진 문신처럼 영원히 지워지지 않는다.

내가 세상에 나온 사명을 다하고 빈 배로 떠나는 그날,
나는 마지막으로 무엇이 먹고 싶어질까.

Episode 33
프로이트와 해리스의 명쾌한 통찰
삼겹살

돼지를 가리켜 성인^{聖人}과 비슷하다고 말한다. 신실한 기독교인이라면 이 말에 인상을 찌푸릴 수도 있겠다. 성인은 살아생전보다 죽은 뒤에 칭송받는 인물이다. 기독교 문명권에서 전파된 축제일들은 그 근원을 따지고 보면 대부분의 경우 성인^{Saint}과 연관이 깊다.

돼지는 살아 있을 때보다 죽고 나서 인간의 사랑을 한몸에 받는다. 우리는 새로운 일을 시작할 때 으레 삶은 돼지머리를 모셔놓고 고사^{告祀}를 지낸다. 아무리 미신이다 뭐다 해도 쉽게 떨쳐버리기 힘든 오랜 관습이다. 또 식생활에서 돼지고기가 없는 것을 상상할 수 있을까. 삼겹살, 순댓국, 돼지보쌈, 제육볶음, 돼지족발, 동파육, 베이컨, 슈바이첸학셀…. 우리는 삼겹살을 구울 때 "지지직" 거리는 소리만 들려도 침을 꼴깍거린다. 삼겹살을 솔푸드라고 생각하는 사람도 많다. 일리가 있다. 한국 사람은 한 달에 한두 번은 삼겹살을 먹어줘야 한다는 말도 있지 않은가. 날씨가 추워지면 몸이 칼칼한 돼지 김치찌개를 부른다. 김치찌개에는 역시 두툼하게 썬 앞다리 살이 들어가야 제맛이다.

넷플릭스 영화로도 나온 소설 《건지 감자껍질파이 북클럽》. 이 소설의 배경은 제2차 세계대전 당시 나치 독일에 점령된 건지^{guernsey}섬이다. 독일군은 건지섬의 돼지들을 모조리 징발해 대륙의 독일군에게 식량으로 보낸다. 섬에서 돼지를 키울 수 없게 되자 주민들은 심각한 동물성 단백질 결핍에 시달린다. 그때 한 농가에서 몰래 돼지 한 마리를 숨겨 키운다. 친한 사람들끼리 비밀리에 그 집에 모여 돼지 바베큐 파티를 연다. 기분 좋게 식사를 하고 집으로 돌아가는 밤길에 나치 순찰대와 마주친다. 차마 돼지고기 파티에서 오는 길이라고는 못하고 우물쭈물하다가 엉겁결에 나온 게 '건지 감자껍질파이 북클럽'이다.

3월 1일은 돼지의 날이다. 피그 데이$^{Pig\ Day}$. '돼지의 날'을 처음 들어보는 사람은 이런 반응을 보일 수도 있겠다. 살다 보니 별별 기념일이 다 있네, 빼빼로 데이처럼 무슨 장삿속으로 만들어낸 것 아니냐. 그러나 3월 1일, '돼지의 날'은 인간을 위해 희생되는 돼지의 가치를 기억하자는 의미에서 1972년 미국 일리노이주에서 만들어진 날이다. 양돈업이 주요 산업의 하나인 미국 중부 지방을 중심으로 '피그 데이'는 조금씩 확산되고 있다.

머리부터 발끝까지 인간을 위해 희생하는 돼지! 돼지가 인간 곁으로

와 가축이 된 것은 1만 4000년 전이다. 고맙기 이를 데 없는 동물이 돼지건만 우리는 돼지를 비하하는 데 거리낌이 없다.

이슬람 율법에 허용된 음식물·식자재의 총칭을 할랄Halal이라고 한다. 할랄은 그들만의 방법으로 도축한 육류를 지칭하기도 한다. 서울의 이슬람 거리인 이태원 우사단로 10길의 식당이나 식료품 가게 유리창에는 예외 없이 '할랄'이라는 글자가 선명하다. 심지어 한국 식료품 가게나 한국 식당에도 '할랄'을 강조한다. 이태원 대로변에는 아예 식당 이름을 '할랄 가이스Halal Guys'라고 한 곳도 있다. 육류 중에서 할랄은 양, 닭, 소만 해당한다. 돼지고기는 술과 함께 금지된 것으로 하람Haram이라고 한다.

이슬람 문명권에서 돼지는 혐오의 대상이다. 이슬람교에서 돼지고기를 먹는 것은 죄악罪惡이다. 이슬람 율법은 왜 돼지고기를 금기禁忌로 묶었을까. 이슬람교의 기원으로 거슬러 올라가 보자.

이슬람교는 610년 아라비아 사막에서 시작됐다. 651년 페르시아의 사산 왕조를 무너뜨리면서 이슬람교는 비로소 사막종교의 한계를 극복하고 세계적인 종교로 발돋움하게 되었다. 이슬람 문명권은 북아프리카·사하라사막부터 아라비아반도·중앙아시아를 거쳐 동남아시아까지 매우 광대하다. 북아프리카 서쪽 끝의 모로코부터 중앙아시아 동쪽의 우즈베키스탄까지 이슬람 국가들이 터 잡고 있는 드넓은 지역을 자세히 들여다보자. 두꺼운 띠처럼 연결되어 있는데, 이곳은 사막과 산악 지역이 많은 척박한 건조 기후대다.

동남아를 제외한 이슬람 문명권은 물^{水}의 관점에서 보면, 물이 귀한 지역이다. 그래서 튀르키예와 같은 이슬람국가에서 카페를 방문하면 한국인이 애정하는 아메리카노는 찾아볼 수 없다. 그곳에서는 에스프레소 잔만 한 작은 커피잔에 가루가 으지직거릴 정도로 되직하고 한약처럼 쓴 커피를 내놓는다. 커피는 마셔야겠는데 물을 아껴야 하니 진하게 탈 수밖에 없어서다.

돼지는 인간처럼 잡식성이고 개처럼 탄수화물을 잘 소화시킨다. 개와 돼지가 야생에서 가축화된 지 가장 오래된 동물 1·2위인 이유다. 돼지는 사람이 먹다 남긴 음식물을 가리지 않고 먹는다. 어린 시절 고향집 마당 구석에는 돼지우리가 있었다. 나는 수년간 남은 음식물을 돼지 밥으로 갖다주면서 돼지가 커가는 걸 지켜보았다. 돼지는 더럽다는 편견과 달리 의외로 청결한 동물이었다. 다만 돼지는 서늘하고 축축한 환경을 좋아해서, 물이 떨어지지 않아야 했다.

할랄로 지정된 양과 소는 초식성^{草食性}이다. 또한 양·소·염소는 방목이 가능한 반추동물이다. 소의 주식인 여물은 말린 짚이다. 수분을 증발시킨 섬유질이다. 소는 되새김질로 섬유질을 소화시킨다. 반추동물은 아니지만 닭은 똥집으로 불리는 모래주머니로 삼킨 곡물을 잘게 부순다.

여기서 주목해야 할 것은 양, 닭, 소는 인간과 먹을 것을 놓고 경쟁하는 관계가 아니라는 사실이다. 하지만 돼지는 인간과 탄수화물을 두고 경쟁을 벌인다. 돼지는 방목이 불가능하고 사람 손길이 많이 간다. 건조한 사막지대에 주로 살던 이슬람교도에게 양돈^{養豚}은 환경적으로 불리했다. 투입되는 비용 대비 생산성이 너무 낮았다.

먹고 싶은 것을 먹지 못하는 것처럼 괴로운 것도 없다. 그럴 때 그 대상을 아예 '먹지 못하는 것'으로 규정하면 속이 편해진다. 결국 이슬람교는 돼지를 금기로 묶는 교리를 만들기에 이른다.

지그문트 프로이트 Sigmund Freud, 1856~1939는 저서 《토템과 터부》에서 여러 문명권에서 터부가 생성되는 과정을 다양한 사례를 통해 명쾌하게 밝혀냈다. 권력을 쥔 지배 집단이 한쪽을 터부시함으로써 대립하는 욕망의 충돌을 완화하는 효과를 가져온다는 것이다. 돼지고기를 종교적 터부로 묶으면서 무슬림의 돼지고기에 대한 욕망을 잠재우게 되었다는 설명이다.

《음식문화의 수수께끼》의 저자 마빈 해리스 Marvin Harris, 1927~2001는 이슬람의 돼지고기 터부를 프로이트와는 다른 관점에서 분석한다. '비용-이익 관계'라는 분석 틀을 사용한다. 사육하는 데 들어가는 비용과 그 결과로 얻어지는 동물성 단백질의 양[■]이다.

동유럽 근방에서 돼지를 키우는 것은 여전히 소나 염소와 같은 반추동물을 사육하는 것보다 훨씬 더 큰 비용이 든다. 왜냐하면 돼지는 인공적으로 그늘을 만들어 주고, 물이 있는 웅덩이를 만들어 일정한 습도를 유지해 주어야 하고, 곡식과 같이 사람들이 먹기에 적합한 음식들을 주어야 하기 때문이다.

동유럽 근방은 이슬람 문명권의 북방 한계와 겹친다. 이슬람 문명권에서는 돼지를 키우고 싶어도 수지타산이 안 맞는다. 경제성이 떨어진다.

여러 문명권의 식문화와 관련된 금기들은 그 연원을 파고들면 기후 환경적 요인에서 기인해 문화적·종교적 관습으로 자리 잡게 되는 경우가 많다. 어떤 공동체의 음식문화가 오랜 세월 전승되면 그것은 역사를 넘어 DNA가 된다. 이슬람 집안에서 태어나는 아이는 종교 선택권이 없는 것처럼 그들은 어려서부터 돼지고기는 '먹어서는 안 되는 음식'으로 학습된다. 무슬림에게 돼지고기는 곧 나쁜 음식의 대명사다. 이슬람권의 중국 식당에서도 돼지고기가 들어간 메뉴는 없다.

장난삼아 무슬림에게 일부러 돼지고기가 들어간 음식을 먹게 하고 나중에 이를 알리는 경우가 간혹 있다. "돼지고기"라는 소릴 듣는 순간 무슬림은 얼굴이 노래지고 경기를 일으킨다. 물론 '돼지고기' 소리를 안 했다면 아무렇지도 않게 지나가겠지만. 반복 학습과 세뇌는 이토록 무서운 것이다.

제발, 돼지를 욕하지 마시라. 돼지가 무슨 해를 끼친 적이 있나? 돼지처럼 고마운 동물이 또 어디 있다고 그러나. 돼지는 자기 배만 부르면 만족한다. 인간처럼 더이상을 탐하지 않는다. 그러니 돼지를 탐욕의 상징으로 매도하지 말자.

Episode 34

바람처럼 자유롭게 살다

굴라쉬 스프

〈세계인문여행〉을 연재하면서 헝가리 수도 부다페스트와 얽힌 이런저런 이야기를 풀어낸 적이 있다. 다양한 분야에 종사하는 사회관계망서비스SNS 지인들이 내가 알지 못하는 지식이나 경험을 들려주곤 했다. 그중 한 사람이 서울대병원 정신건강의학과 이동영 교수다. 그는 부다페스트에 얽힌 이야기를 듣고 이런 카톡을 보내왔다.

10여 년 전 학회 일로 부다페스트에 간 적이 있습니다. 몽골군이 그곳까지 이르러 엄청난 공포를 남겼다는 사실에 한번, 그리고 굴라쉬 수프가 우리 육개장과 너무 비슷하다는 점에 놀랐지요…아주 먼 곳인데 왠지 여러 가지로 닿아 있는 느낌이 드는 곳입니다~ 굴라쉬 수프 먹고 싶네요 ^^ 감사합니다!

나는 이 카톡을 접하고 수년 전 신문 기사를 읽고 메모해 놓은 것을 떠올렸다. 그 메모를 잘만 '쿠킹Cooking'하면 연재물 한 편을 쓸 수 있겠다 싶어 메모 폴더함에 넣어두고 심심할 때마다 뚫어지게 쳐다보곤 했다. 그런데 이 카톡이 그 메모에 불을 지폈다.

13세기 몽골군이 중부 유럽인 헝가리 초원까지 진출했었다는 것은 누구나 아는 역사적 사실. 서유럽으로 가는 관문인 오스트리아 빈이 다뉴브강(도나우강)만 건너면 눈앞에 펼쳐졌다. 신성 로마 제국의 수도 빈을 무너뜨리면 서유럽 정복은 식은 죽 먹기였다. 몽골 기병은 거침이 없었다. 유럽의 기독교 세계는 헝가리 대평원까지 쳐들어왔다는 몽골 기병 소식을 바람결에 듣고 있었다. 그들은 동쪽에서 언제라도 들려올 것만 같은 몽골군의 말발굽 소리를 상상하며 공포에 떨었다.

때는 1241년 3월. 칭기즈 칸이 세운 몽골제국은 제2대 칸Khan인 오고타이Ögedei Khan, 1229~1241가 다스리고 있었다. 서방 원정 사령관은 오고타이의 조카인 바투 칸Batu Khan, 1205~1255. 러시아와 폴란드를 정복하고 헝가리 대평원까지 진출한 몽골군은 헝가리 왕국의 도읍지 에스테르곰Esztergom을 초토화했다. 헝가리 왕은 다뉴브강 건너편 언덕 부다Buda로 수도를 옮기고 성을 세웠다. 다뉴브강 동쪽의 평지인 페스트pest 지역은 몽골군 세상. 헝가리 왕은 언덕 위에 최후 방어선을 치고 지구전持久戰에 돌입했다. 그러나 해발 167m 높이의 성채는 몽골군에게는 난공불락이 아니었다. 공성전攻城戰 전술에 능한 몽골군 앞에 헝가리 왕국의 운명은 바람 앞의 등불이었다.

그런데 전혀 예상치 못한 일이 벌어졌다. 1242년 3월, 날씨가 풀리자 몽골군이 갑작스레 퇴각을 결정해 러시아 킵차크 칸국汗國으로 철수한 것이다. 헝가리 왕국은 기사회생했다. 이 뜻밖의 철군에 서유럽 전체가 안도의 한숨을 몰아쉬었다.

왜 몽골군은 갑자기 철수했을까. 세계사 최대의 미스터리다. 이에 대한 오래된 정설은 다음과 같다. 1241년 12월 오고타이 칸이 급서하면서 몽골의 수도에서 후계를 놓고 권력투쟁이 벌어지자 바투가 서둘러 본국으로 돌아갔다는 것이다. 하지만 이 추론에는 여러 가지 허점이 있었다. 그 중 하나. 오고타이의 사망 소식이 3개월 만에 헝가리 초원까지 전달되는 게 물리적으로 불가능하다는 것이다. 말이 낮과 밤을 쉬지 않고 달려도 5개월이 걸리는 거리라는 이야기다. 그렇다면 도대체 무슨 이유로?

역사학자들이 영구미제로 남겨놓은 것을 과학자들이 파고들었다. '나이테 기후학tree-ring climatology'이라는 학문이 있다. 수목의 나이테를 통해 당시의 기후환경을 연구하는 학문이다. 과학자들은 목재를 통해 1238년~1242년의 헝가리 초원의 기후변화를 연구했다. 건조한 기후에서는 나이테의 간격이 좁아진다. 과학자들은 1238년~1241년 사이에 헝가리 초원이 춥고 건조한 날씨가 지속되었다는 것을 밝혀냈다. 그런데 1242년에 기온이 올라가고 비가 많이 내리면서 드넓은 대평원이 습지와 늪지로 바뀌었다. 또한 고온다습한 기후에서는 농작물이 빨리 썩는다. 기동성이 생명인 몽골군으로서는 난감한 상황이 펼쳐진 것이다. 주요 이동로가 물바다로 변하기 직전 바투 사령관은 결단을 내려야 했다. 결국 몽골군은 상대적으로 기후가 건조한 지역인 킵차크 칸국으로 후퇴할 수밖에 없었다는 추론이다.

서유럽은 기상 변화로 몽골군의 공포에서 해방되었지만 몽골의 러시아 지배는 1480년까지 240년간이나 지속되었다. 몽골 지배의 장기화가 러시아의 후진성을 심화시켰다는 이유에서 역사가들은 훗날 이를 '타타르의 멍에'라고 일컬었다.

일본이 서양 세계에 처음 알려진 것은 마르코 폴로^{Marco Polo, 1254-1324}의 《동방견문록》을 통해서다. 마르코 폴로는 중국인으로부터 풍문으로 들은 섬나라 지팡구 이야기를 살짝 언급했다. 전해 들은 이야기를 쓰다 보니 사실과 다르게 와전된 부분이 있었다. 지팡구에는 금이 많이 난다는 이야기가 대표적이다.

13세기 일본은 몽골의 침략을 받는다. 여몽연합군의 일본원정^{日本遠征, 1274·1281}이다. 칭기즈 칸의 손자 쿠빌라이 칸^{Khublai khan, 1215-1294}이 몽골제국의 황제에 오른 게 1260년. 쿠빌라이 칸은 1271년 수도를 베이징으로 옮기고 국호를 원^元으로 정한다. 마르코 폴로가 중국에 도달한 게 바로 쿠빌라이 칸의 원 나라 때. 몽골은 동^東으로는 유라시아 대륙 끄트머리 고려, 서쪽으로는 러시아까지 정복한 상태였다. 중국 대륙 남부로 쫓겨간 남송^{南宋} 정복은 시간문제였다.

쿠빌라이 칸은 일본을 먼저 제국에 복속시키는 전략을 세운다. 하지만 쿠빌라이 칸의 기대와는 달리 일본은 '칸'을 두려워하지 않았다. 기분이 상한 쿠빌라이 칸은 일본 원정遠征을 결심한다. 당시 일본은 가마쿠라鎌倉, 1185~1333 막부 시대. 무사가 권력을 잡은 최초의 막부가 일본을 통치하고 있었다.

몽골은 고려에 일본 침공을 위한 준비를 하달했다. 고려가 건조한 전함 900척에 고려군 1만 5,000명, 몽골군 2만 5,000명이 나눠탄 '여몽연합군'이 탄생했다. 헝가리 초원에서 철수한 지 32년 만이다.

1274년 여몽연합함대는 부산과 마산에서 일본을 향해 항진한다. 몽골군은 고려군의 안내를 받아 규슈섬 하카타博多만에 닻을 내렸다. 연합군은 육지로 상륙해 일본군을 격파하며 주변 마을을 초토화했다. 처음으로 외침을 당한 일본은 힘 한번 써보지 못하고 처참한 패배를 당했다. 여몽연합함대의 사령관은 적군의 반격 기미가 보이지 않자 전투병을 함대로 불러들인다. 장시간의 이동과 전투에 지친 병사들에게 휴식을 취하게 한 것이다.

문제는 다음 날 새벽에 벌어졌다. 하루 만에 태풍이 들이닥쳐 하카타만을 강타했다. 태풍은 밤새 하카타만을 할퀴고 지나갔다. 정박해 있던 군함 200여 척이 아비규환 속에 침몰했고 병사들이 폭풍우 속에 사라졌다. 몽골군은 철수하지 않을 수 없었다. 일본인은 신이 태풍을 보내줬다고 믿었고, 이 태풍을 '가미카제神風'라고 불렀다.

쿠빌라이 칸은 다시 일본에 사신을 보내 순순히 항복하라고 겁박했다.

하지만 일본은 1·2차 사신단을 모조리 처형했다. 화가 날대로 난 칸은 태풍이 언제 닥칠지 모른다는 반대에도 불구하고 2차 일본 원정을 계획한다. 1281년, 1차보다 훨씬 규모가 큰 2차 여몽연합군이 구성됐다.

가마쿠라 막부는 몽골군이 다시 침략할 것을 예상했다. 두 번 다시 당하지 않겠다. 가마쿠라 막부는 전국에서 무사들을 소집해 하카타만을 포함해 북규슈 일대에 포진시켰다. 몽골군은 이번에는 하카타만을 피했다. 규슈섬 북서쪽 다카시마鷹島에 정박한 뒤 공격을 했지만 일본군은 연합군의 예상 가능한 침투로에 매복했다. 연합군은 상륙하자마자 일본군의 공격에 속수무책으로 당했다. 제대로 싸워보지도 못하고 정박 중인 함대로 몸을 피해야 했다. 오도 가도 못하며 쩔쩔매고 있을 때 또 한 번 태풍이 닥쳤다. 두 번째 가미카제神風!

몽골제국은 두 번의 일본 원정 실패로 국고에 큰 타격을 입는다. 두 번씩이나 원치 않는 전쟁에 끌려들어 간 고려도 사정은 비슷했다. 일본도 상황은 다르지 않았다. 비록 적을 패퇴시키긴 했지만 손에 쥔 전리품이 아무것도 없었다. 사무라이들에게 나눠줄 게 없었다. 무사들의 불만이 부글부글 끓어올랐다. 가마쿠라 막부 정권은 힘을 잃기 시작했고, 52년 뒤 몰락한다.

굴라쉬 수프가 헝가리 대평원에서 말 달리던 몽골군을 소환했다. 헝가리는 아시아계 유목민인 마자르족의 후예들이 세운 나라. 헝가리 대평원의 너비는 4만km²가 넘는다. 가도 가도 끝없이 펼쳐지는 지평선. 마자르족은 이곳에서 소 떼를 방목하며 바람처럼 자유롭게 살았다. 이들이 들판에 솥을 걸어놓고 소고기, 감자, 야채를 집어넣어 뭉근하게 끓인 음식이 굴라쉬다. 그래서 굴라쉬 수프에서는 헝가리 대평원의 거친 바람소리가 들리는 것 같다.

Episode 35

방랑하는 천재들의 음료

모히토

호그나시오, 파블로 네루다, 어니스트 헤밍웨이, 가브리엘 마르케스, 냇 킹 콜, 가브리엘라 미스트랄, 니콜라스 기엔, 훌리오 코르타사르, 호안 세라, 살바도르 아옌데….

아티스트에서 전직 대통령까지. 국적도 다르고 다양한 직역에서 이름을 남긴 세계적 명사들이다. 활동 시기도, 생몰 연대도 각기 다른 이들의 공통점은 딱 하나. 쿠바 아바나의 명소 '라 보데기타 델 메디오La Bodeguita del Medio'의 단골이었다. 이 술집 겸 식당은 통상 '보데키타'로 불린다.

쿠바 하면 무엇이 떠오르나. 모히토, 부에나 비스타 소셜 클럽, 시가, 카스트로와 체게바라……. 2030세대는 쿠바 하면 모히토를 자동 연상할지도 모르겠다. 영화 마니아라면 '부에나 비스타 소셜 클럽' 리듬 속의 아바나 골목길을 떠올리고, 시가 애호가들이라면 쿠바산 시가의 구수한 향이 코끝을 스칠 것이다.

찜통 같은 한여름에는 모히토가 최고다. 뼛속부터 더위를 식히고 한 방에 불쾌지수를 날리는 쿠바산 칵테일. 과연 모히토만큼 청량함과 산뜻함을 동시에 만족시키는 음료가 있을까. 모히토가 한 모금 식도를 타고 내려가면 살바도르 달리의 그림처럼 축 늘어졌던 정신줄이 첼로 줄처럼 팽팽해진다.

모히토Mojito의 이음동의어는 어니스트 헤밍웨이. 그의 소설을 한 페이지도 읽은 적이 없는 사람도 모히토가 헤밍웨이가 즐겨 마신 음료라는 것쯤은 안다. 모히토는 우리나라에서 칵테일의 울타리를 벗어나 커피와 아이스크림까지 진출했다. 모히토 라떼와 모히토 바. 헤밍웨이가 아니었으면 최근까지 외교 관계가 없었던 사회주의 국가의 음료가 이처럼 대중화될 수 있었을까.

모히토의 고향은 쿠바 아바나Havana다. 여러 가지 열대 질환을 달고 사는 쿠바 원주민 사회에서 오랜 세월 민간요법으로 전해 내려온 음료에서 기원했다는 것이 정설이다. 모히토는 럼주에 설탕, 라임 주스, 소다수, 민트 잎으로 제조된다. 민트 향과 럼주가 섞이면서 특유의 맛을 낸다.

이제는 아바나의 어느 술집에 가든 모히토를 마실 수 있다. 그럼에도 아바나에 처음 오는 세계의 여행객들은 모히토를 마시러 굳이 보데기타로 길을 잡는다.

1942년 아바나 구시가에 술집 '까사 마르티네즈'가 문을 열었다. 주인 이름을 붙인 이 술집에서 모히토를 비롯한 여러 종류의 술을 팔았다. 이 술집은 얼마 지나지 않아 보헤미안적 분위기로 입소문이 나면서 작가, 예술가, 음악가, 기자들이 즐겨 찾는 곳으로 자리 잡는다. 술집으로 출발했으나 음식도 팔라는 단골들의 요청이 지속되자 1950년부터 메뉴에 음식도 넣었다.

천재들의 특징 중의 하나가 노마드^{nomad}다. 방랑벽^癖이다. 한곳에 오래 정착하지 못하고 새로운 자극을 찾아 끝없이 떠돈다. 니체도, 헤세도, 백석도 모두 그랬다. 헤밍웨이는 20대의 7년은 파리에서, 30대는 스페인과 미국에서, 40~50대는 쿠바에서 살았다. 쿠바에서 인생의 3분의 1을 보냈다.

1921년, 그는 《토론토 스타》 신문의 파리특파원으로 처음 파리의 공기를 마셨다. 1920년대 파리는 모든 게 풍족한 자유와 사랑과 예술의 도시였다. 전 세계의 작가와 예술가들이 파리의 하늘 아래 모여들었다. 파리에서 기자로 활동하던 그는 어느 순간부터 소설이 쓰고 싶어졌다. 기자를 접고 미친 듯 소설을 썼다. 그 공간이 센강 좌안의 카페 돔, 셀렉트, 뒤마고였다. 안정적 수입을 차버리고 불안정한 작가의 길을 선택한 헤밍웨이. 성공의 문은 쉽사리 열리지 않았다. 무명 소설가의 파리 생활은 궁핍했다. 미식이랄 것도 없었다. 그저 값싸게 맛있게 배불리 먹으면 됐다.

1926년 다섯 번째 작품 《태양은 다시 떠오른다》가 출간되면서 그는 스타 작가로 주목받는다. 《태양은 다시 떠오른다》의 주요 배경이 파리다. 죽고 나서인 1964년 출간된 회고록 《파리는 날마다 축제^{A moveable Feast}》는 제목에서 짐작할 수 있는 것처럼 파리 찬가다. 이 책은 국내에서는 '파리에서의 7년'으로 번역 출간되기도 했다. 스콧 피츠제럴드, 거트루드 스타인, 제임스 조이스 등이 등장한다. 이 책에서 그가 와인과 굴에 대해서 언급하고 있다. 2011년 영화 〈미드나잇 인 파리〉는 《파리는 날마다 축제》에서 상당 부분을 따왔다. 비록 우디 앨런 감독은 이 사실을 공식적으로 언급하지는 않았지만 말이다.

헤밍웨이는 쿠바를 사랑했다. 그가 아바나에 정착한 것은 1940년. 그는 아바나 중심가에서 동쪽으로 13km 떨어진 곳의 저택 '핀카 비히아^{Finca Vigia}'를 구입했다. '핀카 비히아' 집에서 세 번째 부인 마서 겔혼, 네 번째 부인 메리 웰시와 살았다. 아바나 시절 1952년 《노인과 바다》를 썼고 퓰리처상과 노벨문학상을 잇따라 받는다.

그는 왜 쿠바를 선택했을까. 그가 아바나로 들어가기 전에 살았던 곳이 플로리다 키웨스트다. 키웨스트^{Keywest}는 오이처럼 길쭉한 플로리다 반도 끝에서 바늘처럼 삐쭉 삐져나온 곳이 다. 헤밍웨이 연구자들은 결론을 내렸다. 쿠바는 오랜 세월 스페인 식민지배를 받은 탓에 라틴문화가 고스란히 보존되어 있어 스페인풍을 좋아한 그의 취향에 맞았다는 것이다. 또한 쿠바는 바다낚시에 최상의 환경이었다. 청새치 낚시를 좋아한 그는 마음이 동하면 언제든 배를 타고 나갈 수 있었다. 여기에 현실적인 이유도 있었다. 미국과의 거리가 그렇게 멀지 않아 오가기에도 편했고, 적당히 떨어져 있어 집필에 방해받을 일이 없었다.

작가는 1960년까지 '핀카 비히아' 저택에 살았다. 1959년 쿠바가 공산혁명으로 사회주의국가가 되면서 미국과 외교 관계가 단절되었다. 50대 중반이 되면서 작가의 건강도 급격히 나빠졌다. 이래저래 아바나를 떠날 수밖에 없었다. 미국으로 돌아간 다음 해인 1961년 아이다호에서 자살로 생을 마감한다.

아바나 시절 그가 제집처럼 드나들던 술집이 '라 보데키타'와 '엘 플로리디타El Floridita'. 보데키타에서는 모히토를, 플로리디타에서는 다이키리daiquiri를 마셨다. 그는 여자만큼 술을 좋아했다. 쿠바 시절 그는 거의 매일 1리터의 위스키를 마셨다는 기록도 있다. 술을 못하는 나로서는 이게 가능한 이야기인지 도무지 가늠할 수 없다.

작가 덕분에 플로리디타 또한 세계적인 명성을 얻었다. 플로리디타는 한때《에스콰이어》잡지에 의해 세계 10대 술집bar에 선정된 적도 있다. 작가가 플로리디타에 올 때마다 마신 다이키리는 럼주, 라임 주스, 사탕수수즙을 혼합해 만든다. 1895년 독립 전쟁 당시 미군들이 주둔한 지역 이름에서 기원한 것이 다이키리다. '아바나 클럽' 럼주와 라임주스가 베이스라는 점에서는 모히토와 큰 차이가 없어 보인다. 그런데 국내에는 다이키리가 널리 알려지지 않았다.

왜 모히토가 세계적인 히트상품이 되었나. 쿠바가 공산화되면서 수많은 쿠바인들이 미국으로 탈출했다. 고향을 떠날 수밖에 없었던 쿠바인들이 미국에서 향수를 달래며 마셨던 고향 음료가 모히토였다. 또한 모히토 잔은 비주얼 면에서도 다이키리를 압도한다. 여기에 헤밍웨이의 스토리텔링이 더해지면서 모히토는 쿠바를 상징하는 음료가 되었다.

Episode 36

세계 최고 메디치 가문의 디저트

마카롱

커피전문점에서 커피를 주문하다 보면 자연스럽게 디저트 진열장을 쳐다보게 된다. 커피와 곁들여 먹으면 뭐가 좋을까. 케이크는 양이 많아 혼자 먹기가 부담스럽다고 느껴질 때 가볍게 선택할 수 있는 디저트. 마카롱은 진열장에서 눈에 잘 띄는 곳에 배치된다. 집을까 말까. 고급 호텔의 파티세리 매장에도 마카롱 세트는 인기다. 바닐라, 초콜릿, 딸기, 피스타치오, 라즈베리… 맛에 따라 골라서 포장해 갈 수 있다는 게 장점이다. 모임에 갈 때 마카롱 박스를 하나 들고 가면 언제든 환영을 받는다.

어디 대도시 고급 호텔이나 커피 전문점뿐인가. 지방 소도시의 카페에 가도 디저트 코너에 마카롱이 진열되어 있는 것을 볼 수 있다. 10여 년 만에 대중적인 디저트로 자리 잡은 마카롱을 보면서 가끔 엉뚱한 상상을 한다. 마카롱의 원조가 한국이 아니었을까.

달걀 껍데기 같은 매끈하고 단단한 두 개의 꼬끄$^{coque, 껍질}$와 그 사이에 끼워진 필링^{크림}으로 구성된 마카롱. 현재 우리가 먹는 마카롱이다. 이 마카롱의 탄생지는 파리 생제르맹이다. 제2차 세계대전 이전까지 파리는 세계문화예술의 중심. 그 공간이 센강 좌안^{左岸}의 생제르맹과 몽파르나스였다.

생제르맹 대로에는 유서 깊은 카페가 두 곳 있다. 뒤마고$^{Les\ Deux\ Magot}$와 플로르$^{Cafe\ de\ Flore}$다. 시인, 작가, 화가, 기자, 영화인 등이 생제르맹 카페에 모여들었다. 20세기를 풍미한 알베르 카뮈, 어니스트 헤밍웨이, 시몬 드 보부아르 등이 이들 카페의 단골이었다.

지하철 '생제르맹 데프레 역'에서 나오면 '밝은 초록색 차양^{遮陽}'이 보인다. 카페 뒤마고다. '밝은 초록색 차양'은 뒤마고의 컬러 아이덴티티^{CI}다. 뒤마고와 지하철역 사이에 있는 아담한 광장 '보부아르-사르트르 광장'은 원래 '생제르맹 데프레 광장'이었다가 수년 전 두 사람 이름으로 바뀌었다. 이 광장에서 센강을 향해 걸어간다. 좁은 골목길이 나타난다. 보나파르트 길$^{Rue\ Bonaparte}$이다. 길지도 짧지도 않은, 걷기에 아주 알맞은 거리다. 이 길이 끝나는 지점에 프랑스 학술원 '에콜 데 보자르'가 위치한다.

'에콜 데 보자르'에 다다르기 직전 아담한 교차로가 나타난다. 그 모서리에 에메랄드 색깔의 라뒤레^{Laduree}가 있다. 마카롱은 1862년 여기서 태어났다. 창업자인 제빵사 루이 에르느스트 라뒤레의 사촌 동생 '피에르 드 퐁텐'이 초콜릿에 생크림을 혼합한 가나슈^{ganache}를 개발했다. 가나슈를 꼬끄 사이에 끼워 보았다. 그랬더니 세상에 없던 디저트가 태어났다. 그게 지금 우리가 먹는 마카롱이다.

라뒤레는 매장이 작은 편이다. 10평이나 될까. 인테리어도 수수하다. 매장이 크거나 화려하다곤 할 수 없지만 깊고 은은한 분위기가 감돈다. 마카롱의 원조라는 자부심이 배어난다. 마카롱 마니아들이 파리에 오면 성지 순례하듯 찾는 곳이다.

프랑스는 디저트의 제국이다. 마카롱은 디저트 제국에 입장하는 현관이다. 디저트는 정찬^{正餐} 다음에 즐기는 음식이다. 디저트는 정찬에 의해 영향을 받는다. 정찬이 초라하다면 누가 그 뒤에 따라오는 디저트에 신경을 쓰겠나. 디저트는 화려한 정찬을 전제로 탄생한 음식이다. 여기서 물음표가 떠오른다. 프랑스는 어쩌다 디저트 제국이 되었을까.

그 시조^{始祖}를 찾아 거슬러 올라가면 '카트린 드 메디치$^{Catherine\ de\ Médicis,\ 1519~1589}$'와 만난다. 성^{姓}에서 미뤄 짐작할 수 있는 것처럼 카트린은 이탈리아 르네상스의 후원자인 메디치 가문의 후손이다. 로렌초 2세 데 메디치의 딸로 태어난 카트린은 갓난아기 때 부모를 잃는다. 1533년 그녀의 숙부인 교황 클레멘스 7세는 카트린을 프랑스 왕의 아들인 오를레앙 공작에게 시집 보낸다. 오를레앙 공작은 후에 앙리 2세가 된다.

피렌체 공국은 예술과 과학과 미식에서 세계 최고였다. 그것을 주도한 집안이 메디치 가문. 카트린은 프랑스 왕실로 신행新行을 가면서 지참금과 함께 요리사, 제빵사 등을 대동했다. 요리사와 제빵사가 맨손으로 갔겠나. 그들은 요리법과 함께 주방 도구, 식사 도구, 식기류 등 주방과 식당에 필요한 모든 것을 챙겨 갔다.

카트린이 프랑스 왕실로 시집왔을 때 궁중에는 디저트 문화가 없었다고 한다. 메디치가의 제빵사들이 마카롱, 케이크, 아이스크림 등을 전수시켰다. 또한 프랑스 왕실에는 포크를 사용하지 않았다. 그래서 음식을 손으로 먹는 경우가 많았다. 그런 왕실에 메디치가 요리사들이 포크를 사용해 식사하는 법을 가르쳤다.

프랑스는 이렇게 메디치가의 최고급 음식문화를 받아들여 세계 최고의 미식 국가로 발돋움하게 된다. 부르봉 왕조의 융성이 지속되면서 왕실과 귀족의 미식 세계는 발전에 발전을 거듭한다. 미식을 전파한 피렌체 공국이 몰락하며 그 위상이 추락한 것과는 대조적이다. 프랑스 왕실은 명실공히 유럽 최고의 미식 제국으로 군림한다.

프랑스 왕실과 메디치 가문과의 인연은 카트린 왕비로 끝나지 않았다. 앙리 4세의 두 번째 부인이 마리 드 메디치Marie de Médicis, 1575~1642다. 마리는 1600년 스물다섯에 앙리 4세와 결혼한다. 하지만 남편이 1610년 암살되면서 우울증에 시달리며 불행한 삶을 산다. 가련한 왕비를 위해 지어준 건물이 뤽상부르 궁전이다. 궁전 정원에는 왕비의 향수를 달래려 고향 피렌체의 연못을 모방한 분수를 조성했다. 그게 메디치 분수다. 담장 너머의 대로 또한 메디치 길이라고 이름 붙였다.

프랑스혁명 당시 처형된 비운의 왕비 마리 앙투아네트. 마리 앙투아네트도 마카롱을 즐겨 먹었다는 설이 있는데, 어디까지가 진실일까. 메디치 가의 제빵사들이 프랑스 왕실에 퍼트린 마카롱은 아몬드가 들어간 쿠키였다. 지금처럼 필링이 들어간 게 아니었다. 맛있는 디저트가 널려있는데, 굳이 마카롱을 먹었을까.

왜 마카롱은 1862년 생제르맹의 작은 빵집에서 태어났을까. 1789년 프랑스대혁명으로 부르봉 왕조와 귀족 사회가 몰락하면서 하루아침에 왕실과 궁전에 소속된 요리사들과 제빵사들이 실업자가 되었다. 이들이 대도시로 나와 먹고 살기 위해 식당과 빵집을 차렸다. 이렇게 되어 궁전 밖의 부르주아 시민이 파인 다이닝과 디저트를 알게 되었다.

처음으로 돌아간다. 마카롱이 한국 상륙 10여 년 만에 폭발적인 인기를 끌며 전국적으로 확산된 비결은 어디에 있을까. 손으로 집어 먹을 수 있어서다. 아무리 맛있는 케이크도 손으로 먹을 수는 없다. 포크가 있어야 한다.

마카롱은 아무것도 필요 없다. 보기에도 예쁘고 맛도 좋은데, 간편하게 손으로 먹을 수 있다니. 이게 마카롱이다.

**천재들의
식탁에서
인문학을 맛보다**

초판 1쇄 **2025년 05월 30일** 초판 2쇄 발행 **2025년 08월 10일**

지은이 **조성관**
펴낸이 **김지은**

크리에이티브 디렉터 **북베어** 경영지원 **한정희** 책임편집 **김윤선**
일러스트 **김은지** 디자인 **유승연** 멀티미디어 **이예린** 마케팅 **김도윤**

펴낸곳 **자유의 길** 등록번호 **제2017-000167호**
홈페이지 **https://www.bookbear.co.kr** 이메일 **bookbear1@naver.com**

ISBN 979-11-90529-35-8 (03590)

잘못 만들어진 책은 바꿔드립니다. 책값은 뒤표지에 있습니다.